LA CHUTE DE L'EMPIRE AZTÈQUE

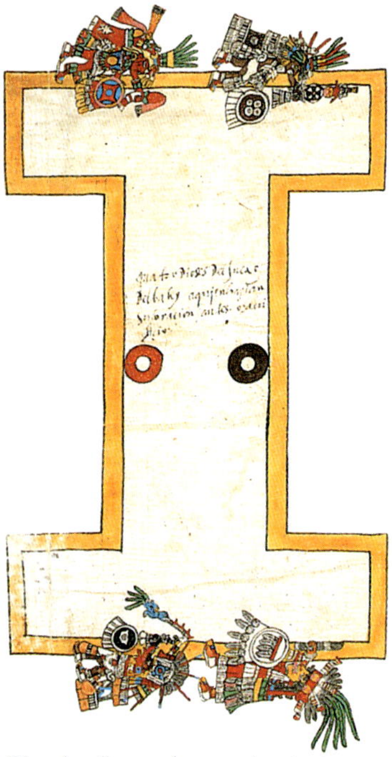

Planche d'un codex représentant un terrain de jeu de balle

Prêtre aztèque

L'artisanat des plumes chez les Aztèques

Les Espagnols combattent pour ressortir de Tenochtitlán.

Statue Chac-Mool

Couple de mariés

LA CHUTE DE L'EMPIRE AZTÈQUE

Texte
RICHARD PLATT
Illustrations
PETER DENNIS
Traduction
NATHALIE CORRADINI
Conseil
JEAN-PAUL DUVIOLS

GALLIMARD JEUNESSE

Pour l'édition originale :

Chef de projet :
Scarlett O'Hara et Susan Malyan
Maquettiste :
Vicky Wharton, Sarah Ponder
et Andrew Nash
Éditrice en chef :
Linda Martin
Directrice artistique :
Julia Harris
PAO : Andrew O'Brien
Iconographe :
Christine Rista
Fabrication :
Kate Oliver
Conseiller :
Dr Anne Millard

Titre original : *Aztecs, the fall of the Aztec capital*

Pour l'édition française :

Édition : Éric Pierrat
PAO : Octavo
Préparation : Isabelle Haffen
Correction : Claire Passignat-Gleize, Lorène Bücher
et Eliane Rizo

ISBN :2-07-052750-6

Dépôt légal : février 2000
Numéro d'édition : 91014

Photogravure Colourscan, Singapour
Impression L.E.G.O., Italie

Sommaire

La rencontre de deux mondes

LE « TLATOANI » MOCTEZUMA RÈGNE sur un empire très riche en Amérique centrale. L'Espagnol Hernán Cortés commande une troupe de soldats. Leur rencontre, en 1519, est à l'origine de l'un des épisodes les plus dramatiques de l'Histoire.

Guerrier aztèque portant un épais vêtement protecteur et un bouclier de coton orné de plumes

Moctezuma, qui est très religieux, croit que la fin du monde adviendra s'il n'offre pas aux dieux du sang et des cœurs humains.

Soldat espagnol avec ses armes et son armure de métal

Moctezuma, en signe de bienvenue, offre à Cortés des cadeaux qui ne feront qu'attiser sa convoitise.

Cette illustration de la rencontre entre Cortés et Moctezuma est tirée du livre de Diego Durán, *Histoire des Indes de la Nouvelle-Espagne et des Îles de la Terre Ferme*, 1579.

LES PERSONNAGES DE L'HISTOIRE

AVERTI PAR DES PRÉSAGES QUE DE FUNESTES événements se préparent, Moctezuma n'est pas surpris par l'arrivée des Espagnols. Lorsque leur flotte approche de la côte, ses espions lui rapportent la nouvelle en ces termes : « Nous avons vu sur la mer de grandes maisons qui se déplacent comme les canoës que nous utilisons pour voyager sur l'eau. » L'empereur s'inquiète. Ses prêtres lancent des malédictions contre les intrus, mais en vain. Croyant alors que les Espagnols sont des dieux arrivés au Mexique sur d'étranges navires, Moctezuma leur fait porter des présents et attend.

SAHAGÚN AU TRAVAIL
Ce moine espagnol consigne le témoignage des Aztèques qui ont vécu la conquête.

Bernardino de Sahagún

LES CHRONIQUEURS

Les Espagnols Bernardino de Sahagún et Francisco López de Gómara ont écrit l'histoire des événements qui se sont déroulés au Mexique pendant et après la conquête.

Soldats espagnols

LES SOLDATS

Cinq cents soldats espagnols s'embarquent à Cuba et font voile vers le Mexique. Beaucoup ont vendu leur ferme pour acheter armes, armure et chevaux et partir vers le Nouveau Monde. Attirés par les légendes qui courent sur l'or que l'on dit abondant là-bas, ils espèrent aussi obtenir des terres.

Pedro de Alvarado

LE CAPITAINE

Pedro de Alvarado est l'un des dix capitaines que Cortés a choisi parce qu'il a déjà participé à une précédente expédition au Mexique.

Malinche

L'INTERPRÈTE

Malinche, que les Espagnols appelleront plus tard Doña Marina, est une esclave offerte à Cortés par les Indiens du Tabasco. Elle parle plusieurs langues locales et apprend l'espagnol.

Hernán Cortés

LE TÉMOIN

Bernal Díaz del Castillo a 26 ans lorsqu'il s'engage dans l'armée de Cortés. Plus tard, dans son *Histoire véridique de la conquête de la Nouvelle-Espagne*, il fera une vivante description de ce qu'il a vu.

Bernal Díaz

LE CHEF

Hernán Cortés grandit en Espagne et étudie le droit à Salamanque. À 19 ans, il part pour les Antilles où il est propriétaire terrien dans l'île d'Hispaniola. En 1519, le gouverneur de Cuba lui remet le commandement de cette expédition au Mexique.

Prêtres espagnols

LES PRÊTRES

Plusieurs prêtres catholiques font partie de l'expédition. Ils se sentent investis de la mission de convertir au christianisme les habitants du Mexique.

Guerriers aztèques

TÉMOIGNAGE

« Le grand Montezuma avait une quarantaine d'années et une haute stature. Il portait une courte barbe noire, fine et bien soignée. »

Bernal Díaz del Castillo, *Histoire véridique de la conquête de la Nouvelle-Espagne*, vers 1560

L'EMPEREUR AZTÈQUE

Le *tlatoani* Moctezuma II (aussi appelé Montezuma) accède au trône en 1502. Son armée est cent fois plus nombreuse que celle de Cortés. Mais Moctezuma est superstitieux : la confiance qu'il accorde à ses astrologues va se révéler fatale face aux Espagnols avides de conquête.

LES GUERRIERS

Les Aztèques ont pour seules armes des arcs, des frondes, des lances et des épées au tranchant de pierre. Leur bravoure et leur ingéniosité en font néanmoins des ennemis redoutables et imprévisibles.

LES CITÉS ALLIÉES

Les Aztèques ne peuvent pas contrôler le Mexique à eux seuls. Ils ont le soutien de deux cités voisines, Texcoco et Tlacopan. Unie, cette triple alliance semble invincible.

Le roi de Tlacopan

Le roi de Texcoco

Prêtres aztèques

LES PRÊTRES AZTÈQUES

Le peuple aztèque est profondément religieux. Les prêtres pratiquent des rituels complexes et les sacrifices humains réclamés, selon eux, par les dieux.

L'empereur Cuauhtémoc

LE DERNIER SOUVERAIN

Cuauhtémoc devient empereur à la mort de Moctezuma en 1520. Il est déterminé à résister aux Espagnols même si tous les Aztèques doivent mourir dans ce combat.

Scribes aztèques

LES SCRIBES

Les scribes aztèques (*tlacuilos*) notent à l'aide de glyphes et de dessins les événements religieux et divinatoires de l'empire. Ils dévoileront plus tard aux prêtres espagnols comment leurs livres se lisent, ce qui permettra de sauver des bribes de la culture aztèque.

L'empereur Moctezuma II

QUI SONT LES AZTÈQUES ?

AU CENTRE DU MEXIQUE S'ÉTEND une vallée fertile au milieu de laquelle se trouve un lac. En 1325, les Mexicas, l'une des sept tribus du peuple aztèque venues du nord, fondent une cité sur une île de ce lac. Arrivés les derniers, ils doivent se contenter des plus mauvaises terres dont ils réussissent à tirer parti. Tenochtitlán, leur cité, prospère. En 1428, ils concluent une alliance avec deux cités voisines, Texcoco et Tlacopan. Au XVIe siècle, cette triple alliance contrôle un empire de quatre millions d'habitants. Les Aztèques sont devenus le peuple le plus puissant du Mexique.

Les Aztèques et le Mexique moderne
Aujourd'hui, les Mexicains sont fiers de leur passé aztèque. Plus d'un million d'entre eux parlent encore le nahuatl, la langue des Aztèques, et le drapeau national arbore le légendaire emblème de l'aigle, du cactus et du serpent.

La patrie dans les collines
Le territoire des Aztèques est une vallée qui s'étend entre deux chaînes montagneuses au centre du Mexique. La région possède un climat agréable, printanier, rarement très chaud ou très froid. Le maïs y pousse bien dans un sol fertile mais il y a peu d'espaces plats propices à la culture entre les collines alentour couvertes de forêts.

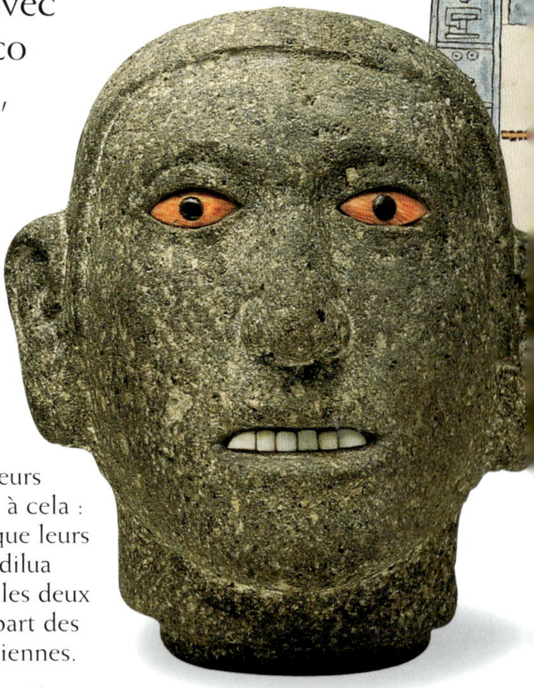

LE REGARD D'UN AZTÈQUE

Sculptures et dessins témoignent de la grande ressemblance physique entre les actuels Indiens Nahuas du Mexique et leurs ancêtres les Aztèques. Rien d'étonnant à cela : les Aztèques étaient plus nombreux que leurs conquérants et le sang espagnol se dilua bientôt au gré des mariages entre les deux populations. Aujourd'hui, la plupart des Mexicains ont des origines indiennes.

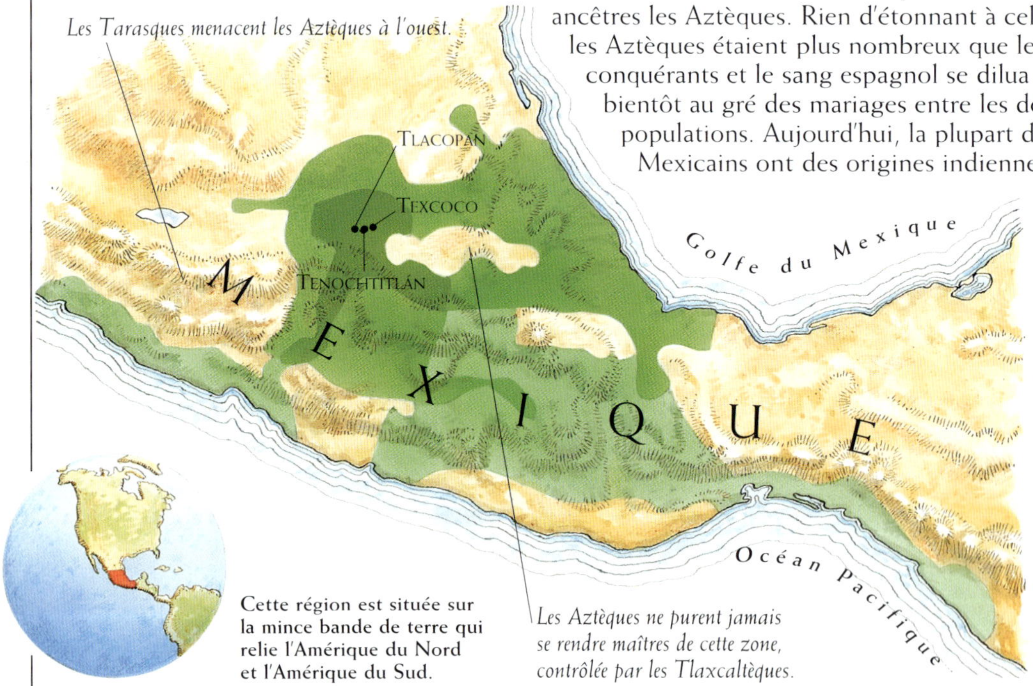

Les Tarasques menacent les Aztèques à l'ouest.

Les Aztèques ne purent jamais se rendre maîtres de cette zone, contrôlée par les Tlaxcaltèques.

Cette région est située sur la mince bande de terre qui relie l'Amérique du Nord et l'Amérique du Sud.

L'EMPIRE S'ÉTEND

Peuple guerrier, les Mexicas combattent pour défendre leurs terres et agrandir leur territoire. Grâce à la triple alliance, leur puissance militaire s'accroît et, en 1519, les trois cités ont soumis une grande partie du Mexique. À chaque nouvelle conquête, les richesses affluent vers Tenochtitlán.

- L'Empire aztèque en 1440
- Régions conquises jusqu'en 1481
- L'empire en 1519, à l'arrivée des Espagnols

Cette planche d'un codex représente la fondation de Tenochtitlán.

Les lignes bleues croisées symbolisent les eaux du lac.

L'EXODE DES AZTÈQUES

D'anciennes légendes racontent comment les Aztèques quittèrent Aztlán, leur patrie. Les Mexicas longeaient le lac Texcoco lorsque le dieu Huitzilopochtli apparut aux prêtres. Il leur enjoignit de s'installer à l'endroit où ils verraient un aigle perché sur un cactus et dévorant une figue de Barbarie. Ils virent cet étrange signe sur une île au milieu du lac et c'est là qu'ils fondèrent une ville qu'ils nommèrent Tenochtitlán, c'est-à-dire « l'endroit du figuier de Barbarie ».

Les Toltèques

AVANT L'ARRIVÉE DES AZTÈQUES dans la vallée centrale du Mexique, différents peuples dominent la région. Tula est la capitale de l'un d'eux, les Toltèques. Les Aztèques admirent leur civilisation et adoptent plusieurs de leurs dieux et de leurs coutumes.

Ces bras levés devaient supporter un autel ou un reliquaire.

Statuette de guerrier
Cette figurine toltèque représente un guerrier en armure. Les Toltèques formaient un peuple belliqueux, et les Aztèques apprirent d'eux comment gouverner le Mexique par la force.

Les « lames » de pierre des épées de bois des Aztèques ont le tranchant d'un rasoir.

Couteau en obsidienne (roche vitrifiée)

LE DIEU GUERRIER DU SOLEIL
Les Aztèques croient que le soleil ne se lèvera plus s'ils n'offrent pas à son dieu, Huitzilopochtli, les cœurs de victimes humaines.

TOUJOURS SUR LE PIED DE GUERRE

La guerre est absolument vitale pour la société et la culture aztèques. D'incessants combats fournissent les prisonniers destinés aux sacrifices humains réclamés par les dieux. La puissante armée de l'empire écrase toute résistance à la loi aztèque et ses guerriers professionnels constituent une classe privilégiée dans la société.

LES DIEUX AZTÈQUES

Les Aztèques vénèrent environ mille six cents dieux : il y en a un pour chaque événement de la vie. Ils les honorent chez eux sur des autels domestiques et au cours de cérémonies publiques complexes, dirigées par des prêtres. Celles-ci s'accompagnent de mises en scène et de danses dans des costumes extraordinaires, ainsi que de sacrifices humains.

L'AGRICULTURE

Pour nourrir une population croissante, les paysans aztèques cultivent la moindre parcelle de terrain plat. Ils aménagent des champs en terrasses sur les flancs des collines et plantent le maïs sur des terres gagnées sur le lac. Les techniques agricoles des Aztèques sont plus évoluées que celles des Espagnols.

Les codex

LES SCRIBES aztèques utilisent une écriture pictographique qui peut faire penser aux bandes dessinées. La plupart de nos connaissances sur la vie des Aztèques viennent de ces travaux, rassemblés dans des livres appelés codex. Les Espagnols en ont détruit un grand nombre parce qu'ils traitaient de religion.

L'histoire en dépliant
À la différence d'un livre, un codex n'a pas de reliure. Les pages de cuir et de papier d'écorce sont pliées en accordéon.

L'ARRIVÉE DES ESPAGNOLS

LES GRANDS ÉTRANGERS BARBUS débarquent sur la côte mexicaine en un lieu éloigné de la capitale Tenochtitlán. L'empereur aztèque Moctezuma est cependant rapidement prévenu par ses messagers. Inquiet, il croit que ces étrangers sont des dieux ; en réalité, il s'agit d'une expédition partie de l'île de Cuba sous la conduite de Hernán Cortés qui vient en conquérant résolu. Les Espagnols se heurtent d'abord aux habitants du Tabasco. Ils ripostent alors avec leurs armes plus puissantes et inconnues au Mexique. Ainsi cinq cents Espagnols battent douze mille Tabascans. Ces derniers révèlent aux Espagnols que l'or qu'ils recherchent se trouve au royaume de Moctezuma.

OCCUPER LE TERRAIN

Quand les Espagnols arrivent au Tabasco, ils investissent rapidement la petite ville côtière de Potochán. Là, Cortés prend possession du pays au nom du roi d'Espagne.

Les Indiens du Tabasco offrent à Cortés une esclave, Malinche, qui deviendra son interprète.

Cavalier espagnol du XVIe siècle

Christophe Colomb
En 1492, le navigateur italien Christophe Colomb, parti d'Espagne, découvre les Antilles. Au cours des vingt-cinq années suivantes, les Espagnols s'installent sur les deux plus grandes îles : Cuba et Hispaniola. La soif de l'or pousse des aventuriers, comme Cortés, à quitter l'Espagne et à explorer le continent américain.

UNE PREMIÈRE VICTOIRE

L'armée du Tabasco se bat courageusement mais les Espagnols l'emportent car ils ont des armes plus efficaces et une meilleure stratégie (méthode de combat). De plus, comme il n'y a pas de chevaux au Mexique, les Indiens croient que le cavalier et sa monture ne forment qu'un seul être surnaturel !

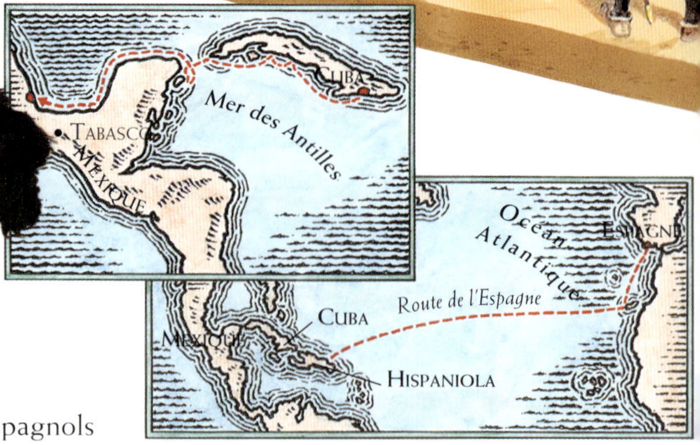

LA ROUTE DU MEXIQUE

Cortés et ses soldats ont déjà traversé l'Atlantique des années auparavant pour aller vivre dans les colonies espagnoles des îles de Cuba et d'Hispaniola (partagée aujourd'hui entre Haïti et la République dominicaine).

Kapokier géant

Cortés incise trois fois, avec son épée, l'écorce d'un arbre placé au centre de la ville pour prendre possession du pays au nom de l'Espagne.

« Beaucoup [d'Indiens] vinrent aussi pour contempler les hommes étranges, maintenant si renommés, avec leurs costumes, leurs armes et leurs chevaux, et ils dirent : "Ces hommes sont des dieux". »

Francisco López de Gómara, *Histoire de la conquête du Mexique*, 1552

SANS RETOUR

Les somptueux présents de Moctezuma incitent plus que jamais Cortés à rencontrer l'empereur. Ses hommes ne sont pas tous de cet avis – certains projettent de s'emparer d'un navire pour rentrer à Cuba. Cortés les fait exécuter. Il ordonne ensuite secrètement de saborder la flotte afin que nul ne puisse retourner en arrière !

LES CADEAUX DE MOCTEZUMA

Du Tabasco, les Espagnols reprennent la mer vers l'ouest et jettent l'ancre à 400 km de là. Trois jours plus tard, à Pâques 1519, un groupe d'ambassadeurs aztèques arrive, apportant de l'or et d'autres présents de la part de Moctezuma. Cortés les renvoie avec des verroteries sans valeur et les charge de demander une entrevue à l'empereur. Les messagers reviennent au bout d'une semaine avec des cadeaux encore plus extraordinaires. Ils annoncent aussi une mauvaise nouvelle : l'empereur refuse de recevoir les Espagnols.

L'OR ET L'ARGENT
Parmi les objets offerts par Moctezuma se trouvent un disque solaire en or de la taille d'une roue de char et une lune d'argent plus grande encore.

CROQUIS DES ÉTRANGERS
Des scribes aztèques font des dessins des Espagnols, de leurs navires et de leurs chevaux pour les montrer à Moctezuma.

Il fallut cent porteurs pour transporter tous ces cadeaux.

Vers l'intérieur des terres
Les soldats espagnols sont révoltés quand ils découvrent que Cortés a fait détruire leur seul moyen de fuite, mais ils ne peuvent rien faire. Aussi, le 16 août, lorsque Cortés se met en route à la recherche de Moctezuma, ses troupes n'ont d'autre choix que de le suivre.

Les armes des Espagnols

LEUR ENTRAÎNEMENT, LEURS ARMES et leur tactique permettront aux conquérants espagnols de venir à bout des armées mexicaines pourtant bien plus nombreuses. La supériorité de leur armement leur confère un avantage décisif. Il comprend des canons, des mousquets, des arbalètes, des armures de métal et surtout des épées.

Canon espagnol du XVIe siècle

Canon
Les canons d'alors ne sont probablement pas des armes très efficaces mais ils produisent en tirant beaucoup de flammes et de bruit. Cortés les utilisera pour effrayer les Indiens.

Armure
Les soldats espagnols portent une cuirasse de métal (plaque dorsale et pectorale) et un casque. Cette protection est suffisamment efficace contre les javelines, les balles de frondes et les flèches tirées par leurs ennemis.

Casque de soldat espagnol

EN ROUTE VERS TENOCHTITLÁN

DU HAUT D'UN COL ENNEIGÉ, LES SOLDATS espagnols découvrent la capitale aztèque, Tenochtitlán. Là-bas, loin au-dessous d'eux, la cité brille comme un joyau sur les eaux bleues du lac Texcoco. Quatre jours plus tard, le 8 novembre 1519, ils atteignent ses berges. De très nombreux habitants de la capitale se pressent sur la chaussée qui la relie au rivage. Ils sont curieux de voir si les grands étrangers habillés de métal sont vraiment des dieux comme on le prétend. Des milliers d'autres Aztèques observent la scène depuis le lac dans leurs canoës. Au son des tambours, bannières au vent, Cortés conduit ses hommes à la rencontre de l'empereur Moctezuma.

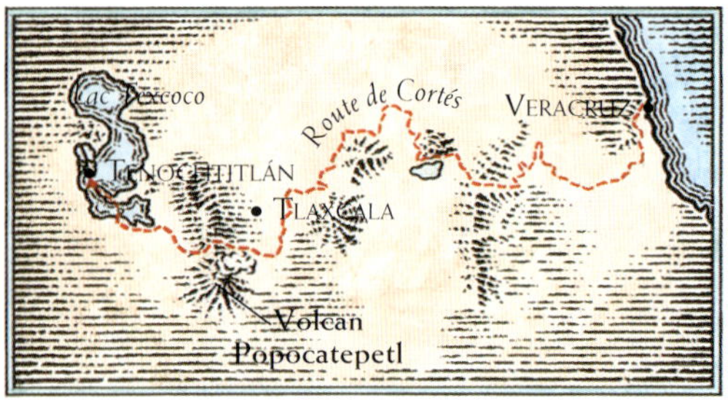

L'épuisante marche
Pour atteindre la capitale des Aztèques, Cortés et ses soldats parcourent plus de 650 km. Ils escaladent deux chaînes de montagnes et traversent une plaine où l'eau est imbuvable. Les indigènes menacent de les tuer et de les dévorer assaisonnés de piments. Les soldats supplient Cortés de faire demi-tour. Il reste inflexible et, au bout de douze semaines, il amène sa petite armée aux portes de Tenochtitlán.

Périlleuse promenade
L'un des capitaines espagnols et deux de ses hommes grimpent au sommet du volcan Popocatepetl (montagne qui fume) en quête de soufre pour leurs armes à feu. Depuis le bord du cratère, ils voient au loin Tenochtitlán. Mais le volcan est en activité : des pierres et des cendres chaudes volent tout à coup autour d'eux.

DES ENNEMIS DEVENUS ALLIÉS

Derrière les Espagnols marchent des centaines de guerriers de Tlaxcala. Les Tlaxcaltèques sont les ennemis héréditaires des Aztèques. Après les avoir vaincus, Cortés les enrôle comme alliés contre les Aztèques.

Le héron blanc est un emblème de Tlaxcala.

LES ESPAGNOLS

Pour les Aztèques, les soldats espagnols sont dotés de pouvoirs surhumains. Ils portent des armes magiques qui rugissent et crachent du feu (les mousquets). Certains montent des animaux que l'on n'a jamais vus au Mexique (les chevaux). En outre, leurs étincelantes armures de métal réfléchissent les rayons du soleil aussi facilement qu'elles dévient les flèches mortelles des Indiens.

Dieu ou conquérant ?

Moctezuma accueille Cortés parce qu'il croit que l'Espagnol est le dieu Quetzalcóatl. Selon la légende, cette divinité, chassée il y a longtemps, s'est enfuie par la mer vers l'est pour rejoindre le dieu-soleil, en menaçant de revenir se venger. Quand les étrangers arrivent de l'est, les anciens pensent que leur chef est le dieu de retour.

Masque de bois incrusté de turquoise

Le dieu-serpent à visage humain
Les Aztèques sont convaincus que Quetzalcóatl peut prendre différents aspects, y compris celui d'un homme barbu. Ce masque de bois représente le dieu.

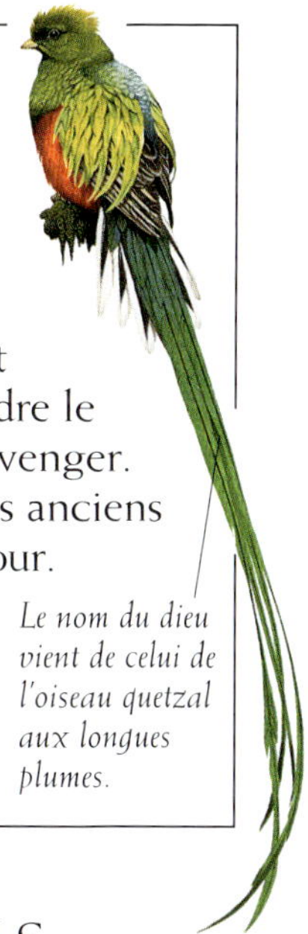

Le nom du dieu vient de celui de l'oiseau quetzal aux longues plumes.

« Voici ce que nos rois et ceux qui dirigent cette cité nous ont dit : que vous reviendriez prendre votre place légitime. Bienvenue dans votre royaume, seigneurs. »

Moctezuma à sa première rencontre avec Cortés, d'après Bernardino de Sahagún, *Histoire générale des choses de la Nouvelle-Espagne*, 1580

Les Aztèques accueillent les Espagnols

Tandis que les Espagnols s'avancent sur la chaussée reliant la ville au rivage du lac, Moctezuma vient à leur rencontre pour leur souhaiter la bienvenue à Tenochtitlán. Il marche sous un dais de plumes d'un vert brillant, ses vêtements sont d'or et de pierres précieuses. Les nobles aztèques déposent leur manteau devant ses pas. Personne n'a l'audace de jeter un seul regard vers l'empereur.

Beaucoup d'autres Aztèques regardent la scène depuis leurs canoës.

UN DAIS DE PLUMES
Brodé de fils d'or et d'argent, il est bordé de perles et de turquoises.

LES NOBLES AZTÈQUES
Les vives couleurs de leurs manteaux indiquent l'importance de leur rang.

MESSAGE DE PAIX
Doña Marina traduit les paroles de Cortés qui promet de ne pas nuire à Moctezuma et au Mexique.

La chaussée mesure huit pas de large.

LE RESPECT DÛ À L'EMPEREUR
Les princes aztèques regardent le sol en signe de respect.

La rencontre

« Est-ce réellement toi ? Es-tu vraiment Moctezuma ? » demande Cortés. Après de cordiales salutations, il passe un collier de perles de verre colorées au cou de Moctezuma. En échange, Moctezuma lui offre un collier de crabes d'or. Puis l'empereur s'en retourne dans sa cité. Les Espagnols le suivent sur le qui-vive. Est-ce un piège ?

LA CITÉ LACUSTRE

APRÈS LES AVOIR ACCUEILLIS SUR la chaussée, Moctezuma précède ses hôtes dans une cité extraordinaire. Avec deux cent mille habitants, Tenochtitlán est plus importante que Séville, la plus belle ville d'Espagne. Mais ce n'est pas seulement sa taille qui impressionne les visiteurs. Tenochtitlán est aussi somptueuse, prospère et d'une parfaite propreté. Le centre cérémoniel est dominé par de grandes pyramides et, tout autour, s'élèvent de magnifiques palais et de grands marchés où l'on trouve une époustouflante diversité de mets et de produits raffinés. Des aqueducs conduisent l'eau des sources aux fontaines publiques. La splendeur de Tenochtitlán éblouit ses hôtes espagnols impatients de l'explorer.

TÉMOIGNAGE

« Avec tant de choses merveilleuses à contempler, nous ne savions que dire, ni si ce que nous avions devant les yeux était réel. »

Bernal Díaz del Castillo, *Histoire véridique de la conquête de la Nouvelle-Espagne*, vers 1560

VIVRE COMME DES DIEUX

À la suite des fonctionnaires de Moctezuma, les Espagnols gagnent un palais situé près de la place centrale. L'empereur les y accueille. Il mène Cortés et ses officiers à travers de belles pièces ornées de fleurs, puis des serviteurs leur apportent un délicieux repas. Pendant leur séjour dans la cité, ils sont traités comme des dieux.

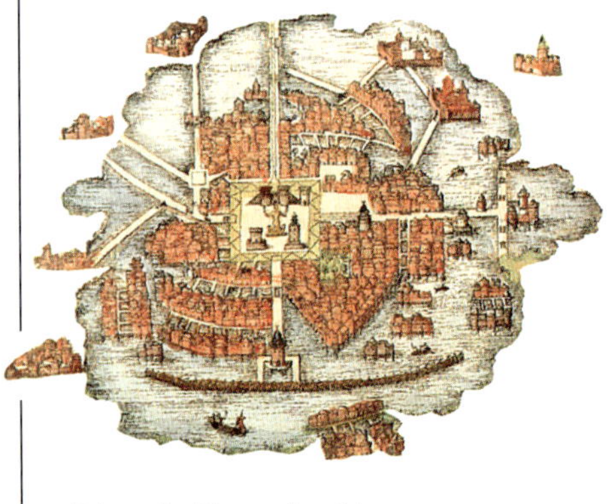

Plan de Tenochtitlán
Cortés dessine un plan de Tenochtitlán qu'il envoie au roi d'Espagne Charles V. Cette gravure, imprimée en 1524, montre la chaussée, la place centrale et les maisons mais pas les champs cultivés gagnés sur le lac qui entourent alors la ville.

LE CENTRE CÉRÉMONIEL

Une enceinte occupe centre de Tenochtitlán Là, dans les temples situés au sommet des hautes pyramides, les prêtres aztèques honorent leurs dieux par des cérémonies éclatantes et des sacrifices humains. Cortés déclara plus tard que les temples « puaient le sang ».

DANS LE PALAIS

Le palais, très peu meublé, est construit dans le style aztèque et compte peu de fenêtres. Néanmoins, il impressionne les Espagnols car la plupart des habitations qu'ils ont pu voir depuis leur arrivée au Mexique n'étaient que de simples huttes.

LE LAC ET LA TERRE

Ingénieurs avisés, les Aztèques avaient réussi à transformer le site marécageux de leur future capitale en un terrain praticable. Une digue de 16 km divise le lac en deux et empêche les courants d'eaux salées de se mêler aux siennes. Des aqueducs apportent l'eau douce des collines environnantes. Autour de la ville, les paysans cultivent les *chinampas*, des jardins flottants faits avec la vase du fond du lac.

L'actuel centre-ville
Le siège de Tenochtitlán par les Espagnols détruit une grande partie de cette belle cité. Ensuite, les vainqueurs rasent le reste de la ville et construisent Mexico sur les ruines de la capitale aztèque. La grande place du Zócalo, dans la ville actuelle, s'élève à peu près sur le site du centre cérémoniel de Tenochtitlán. Les vestiges de la grande pyramide se trouvent à quelques mètres de la cathédrale actuelle.

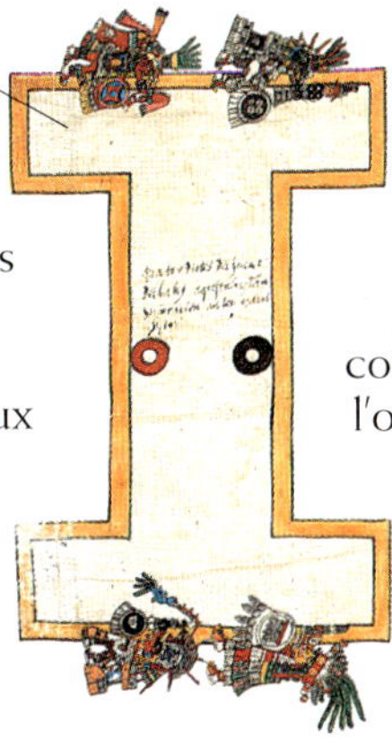

Illustration d'un codex représentant un terrain de jeu de balle

LE JEU DE BALLE

Près de la grande pyramide s'étend un terrain de jeu de balle en forme de i majuscule. Là, lors des rencontres, des équipes de joueurs vêtus de protections spéciales se disputent une balle de caoutchouc pour la faire passer à travers deux anneaux de pierre disposés de part et d'autre du terrain. Des paris sont ouverts pour savoir qui va l'emporter. Ce jeu est aussi un rituel religieux : la balle représente le soleil et l'issue de la partie tient lieu de présage.

LA VISITE DES MARCHÉS

Au bout de quatre jours à Tenochtitlán, Cortés et ses officiers commencent à découvrir la ville. Ils visitent un grand marché où l'on vend de l'or, de l'argent, des esclaves, du cacao, de la corde, des peaux, de la céramique, du bois de construction et bien d'autres choses encore. Un soldat, Bernal Díaz del Castillo, écrit : « Nous étions abasourdis par toute cette foule et par la quantité de marchandises vendues sur ce marché. » Des fonctionnaires règlent les litiges entre marchands et clients.

La terrible conquête

Dignitaire aztèque coiffé de plumes

LES ESPAGNOLS ONT ENFIN RENCONTRÉ MOCTEZUMA, mais ils ignorent s'ils doivent se considérer comme ses hôtes ou ses prisonniers. Cortés n'attend pas de le savoir, il élabore un plan. Son objectif est la chute de l'Empire aztèque ; pour cela, il va s'appuyer sur les peuples indigènes soumis aux Aztèques.

Les Aztèques utilisent des canoës sur le lac Texcoco.

Ce tableau de la fin du XVIIIe siècle intitulé *La Dernière Bataille du Mexique* montre les Aztèques défendant Tenochtitlán contre les soldats espagnols.

TÉMOIGNAGE

« Nous les repoussâmes au corps à corps pendant six ou sept jours d'affilée, leur infligeant de lourdes pertes. Cependant, cela ne les décourageait nullement, car ils ne craignaient pas de perdre la vie au combat. Ils disaient, si je me souviens bien : " Nos idoles nous ont promis la victoire… et nous n'épargnerons aucun d'entre vous". »

Bernal Díaz del Castillo, *Histoire véridique de la conquête de la Nouvelle-Espagne*, vers 1560

LE SIÈGE DE TENOCHTITLÁN

LES AZTÈQUES HUMILIENT LES ESPAGNOLS en les poursuivant hors de Tenochtitlán. Cortés perd tous ses fusils et les deux tiers de ses hommes. Mais il n'est pas vaincu. Les plus forts et les plus braves des soldats espagnols ont survécu. De nouvelles troupes les rejoignent de Cuba, apportant des chevaux, des fusils et des vivres. Cortés entraîne d'autres alliés tlaxcaltèques et fait construire des bateaux pour combattre sur le lac. Ainsi, après Noël 1520, il revient à Tenochtitlán à la tête d'une armée de seize mille hommes. Les Aztèques se tiennent prêts. Ils ont un nouvel empereur, Cuauhtémoc, et ils sont impatients de se battre.

La fabrication des bateaux
L'armée espagnole dispose de constructeurs de navires et de charpentiers. Ils se procurent le bois en coupant des arbres dans la forêt mexicaine et font bouillir de la résine de pin pour colmater les fentes entre les planches des coques. Une centaine d'Indiens est envoyée sur la côte chercher les pièces de métal, les cordages et les voiles que Cortés a sauvegardés lors du sabordage de sa flotte.

LE KIT À CONSTRUIRE
Chaque pièce de bois est marquée selon sa place dans la construction du bateau.

LE RESPONSABLE
Un Espagnol du nom de Martin López supervise la construction des bateaux.

SUR LE CANAL
Des milliers de Tlaxcaltèques travaillent pendant sept semaines au creusement d'un canal reliant le site de construction au lac.

LE CHANTIER NAVAL

Cortés estime qu'il peut, avec des bateaux, contrôler le lac Texcoco et affamer les Aztèques pour les forcer à se rendre. Ses ouvriers coupent assez de bois d'œuvre pour construire treize navires. Ensuite, 8 000 porteurs acheminent sur 80 km les morceaux jusqu'au lac où ils sont assemblés.

LES BRIGANTINS
Ces bateaux, appelés brigantins, étaient probablement à fond plat, pour pouvoir naviguer dans les eaux peu profondes du lac.

DÉFENDRE LA CITÉ

Les Aztèques se préparent à l'attaque qu'ils savent imminente. Ils élèvent des barricades avec de la pierraille et des pièces de bois. Ils enlèvent les ponts qui enjambent les fossés dans la chaussée et dissimulent des pieux très acérés sous l'eau.

Le bois des ponts est utilisé pour les barricades.

Pour traverser, on laisse une ou deux planches qui peuvent être retirées rapidement.

Les bateaux espagnols à rames permettent de poursuivre les canoës des Aztèques.

TÉMOIGNAGE

« Chaque fois que nous laissions un pont ou une barricade non gardé... ils le reprenaient la nuit même, renforçaient ses défenses, et creusaient des trous sous l'eau pour nous faire trébucher et tomber. »

Bernal Díaz del Castillo, *Histoire véridique de la conquête de la Nouvelle-Espagne*, vers 1560

LE SIÈGE COMMENCE

Le combat pour s'emparer de la cité débute le 1er juin 1521. Cortés a divisé ses troupes en trois groupes qui attaquent le long des trois principales chaussées menant à la ville. Les Aztèques luttent pied à pied.

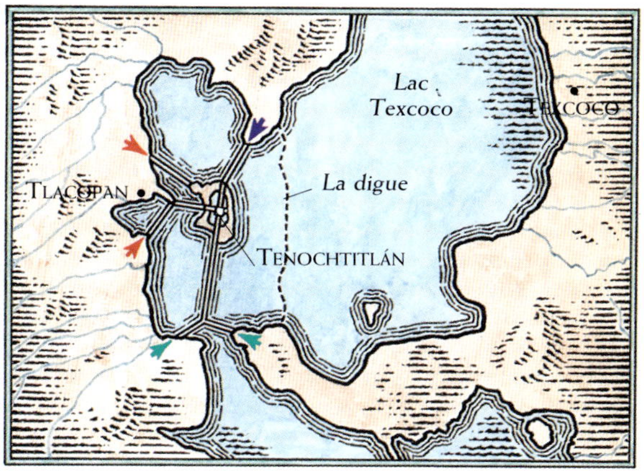

Le plan de l'attaque espagnole

- Sandoval attaque par le nord.
- Alvarado attaque par l'ouest.
- Cortés attaque par le sud.

La guerre sur les chaussées
Les Aztèques sont des adversaires effrayants. Ils sacrifient les prisonniers espagnols sous les yeux de leurs compagnons, et font rouler leurs têtes le long de la chaussée.

LA BATAILLE DU LAC

Après s'être rendu maître des villes situées sur les rives du lac, Cortés envoie sa flottille à l'attaque. Un combat féroce s'engage avec les canoës aztèques. Les canons et les mousquets des Espagnols les coulent facilement.

LE COMBAT POUR LE CENTRE CÉRÉMONIEL

Les Aztèques défendent courageusement leurs rues. Il faut trois mois à Cortés pour gagner le centre cérémoniel de la cité. Les combats sont si intenses que les eaux du lac sont rouges de sang et que, pour avancer, les soldats espagnols doivent marcher sur les cadavres des Aztèques morts.

Les Espagnols détruisent tous les bâtiments.

Chaque navire est armé de plusieurs petits canons.

LA FORCE DES CANOËS
Les Espagnols ne peuvent jamais contrôler entièrement le lac parce qu'ils n'ont que treize bateaux et que l'on compte plus de 200 000 canoës aztèques !

Les Aztèques se rendent
Au mois d'août, il est clair que les Aztèques sont vaincus. Cuauhtémoc essaie de s'échapper en canoë, mais il est capturé par les Espagnols. Cette scène du *Lienzo de Tlaxcala* montre Cuauhtémoc se rendant à Cortés.

La fin de l'empire

DEUX ANS APRÈS AVOIR DÉBARQUÉ avec cinq cents soldats, Hernán Cortés a vaincu un immense empire militaire avec l'appui de milliers d'indigènes. Des années auparavant, les astrologues aztèques avaient relevé plusieurs présages et signes étranges à partir desquels ils avaient prédit l'arrivée d'étrangers. Cependant, les astrologues n'avaient pas deviné à quel point ces hommes à la peau blanche allaient anéantir leur civilisation.

« Tout au long des deux années qui avaient précédé l'arrivée des Espagnols, plusieurs signes et présages, un en particulier, avaient été observés : une langue de feu d'une taille et d'une brillance remarquables était apparue dans le ciel. Lorsque le peuple avait vu cette flamme, il s'était mis à se lamenter, sentant que c'était le signe d'un grand malheur à venir. »

Bernardino de Sahagún, *Histoire générale des choses de la Nouvelle-Espagne*, 1580

La « langue de feu » dans le ciel que les Aztèques prennent pour un mauvais présage est en fait une comète.

Quand un tremblement de terre secouait le Mexique, les sages aztèques l'interprétaient comme un signe de calamités prochaines.

Chapelet catholique : les Espagnols introduisent au Mexique une nouvelle religion.

Cette scène du codex Florentino montre la comète dans le ciel de Tenochtitlán.

TÉMOIGNAGE

« Toutes les maisons et les estacades du lac étaient pleines de têtes et de cadavres... nous ne pouvions pas avancer sans fouler aux pieds les corps et les têtes des Indiens morts. »

Bernal Díaz del Castillo, *Histoire véridique de la conquête de la Nouvelle-Espagne*, vers 1560

APRÈS LES BATAILLES

APRÈS LA REDDITION DE L'EMPEREUR Cuauhtémoc, les combats cessent bientôt dans Tenochtitlán. Silencieuse, la ville conquise empeste la mort. Tandis que les Aztèques enterrent les victimes, les Espagnols ont d'autres soucis. Ils écrasent les révoltes dans les régions du Mexique qui résistent encore à leur autorité et se mettent fébrilement en quête de l'or. Ils en trouvent peu. Cortés répartit ce qu'il ramasse entre ses hommes, mais c'est une maigre récompense par rapport à ce qu'ils ont enduré. Les soldats sont si mécontents qu'ils inscrivent des slogans contre Cortés sur les murs de son palais.

LA MORT DES CHEFS AZTÈQUES

Les Espagnols torturent Cuauhtémoc et d'autres chefs en leur brûlant les pieds. À l'un d'eux qui pousse des cris de douleur, l'empereur réplique : « Penses-tu que je suis moi-même sur un lit de roses ? » La peinture ci-dessus représente l'exécution de Cuauhtémoc.

Cette scène, tirée d'un codex, représente un collecteur d'impôts espagnol.

Les Aztèques furent contraints de payer un tribut en bijoux d'or à leurs nouveaux maîtres espagnols.

LA QUÊTE DE L'OR

Les Espagnols cherchent partout le trésor qu'ils ont laissé derrière eux en fuyant Tenochtitlán, il les obsède. Mais, même sous la torture, les chefs aztèques n'avouent pas où est cachée la majeure partie de l'or.

Les esclaves aztèques sont habituellement marqués aux joues.

GUERRIERS RÉDUITS EN ESCLAVAGE

Cortés punit les soldats aztèques qui ont si vaillamment défendu leur cité en les réduisant en esclavage. Ses hommes les marquent au fer rouge. Certains esclaves sont envoyés dans les mines d'or et d'argent. D'autres sont donnés aux hommes de Cortés pour les récompenser de leur bravoure au combat.

Ce dessin du XVIe siècle représente des esclaves aztèques travaillant aux fondations de la cathédrale, à Mexico.

Les fondations de la cathédrale

Les esclaves doivent transporter de lourdes charges de pierre et meurent souvent à la tâche.

LE TRAVAIL FORCÉ

Dans l'impossibilité de rétribuer ses hommes avec de l'or, Cortés leur octroie à la place des terres et des esclaves pour les cultiver. Ceux-ci doivent fournir à leur maître la nourriture, le combustible et leur force de travail. Un Espagnol nanti d'une propriété est censé protéger ses travailleurs aztèques et leur enseigner la religion chrétienne mais, dans la pratique, beaucoup sont maltraités. Les Espagnols utilisent des Aztèques pour construire Mexico.

Construit sur des fondations aztèques
Bien que les Espagnols rasent Tenochtitlán, ils ne peuvent détruire entièrement les bâtiments aztèques. Quand la reconstruction commence, les maçons espagnols, ingénieux, conservent et réutilisent des pierres sculptées aztèques. Cette tête de dragon nous regarde au coin d'un immeuble de Mexico.

REPÈRES

- 100 000 Aztèques sont morts en défendant Tenochtitlán. Beaucoup plus ont succombé à la maladie ou à la faim.
- Si la grande pyramide était toujours debout, elle apparaîtrait à l'horizon juste derrière la cathédrale.
- Cortés alloue à chaque soldat espagnol la somme de cinquante pesos – de quoi acheter trois vaches.

DE PYRAMIDE EN CATHÉDRALE

Cortés fait raser Tenochtitlán et reconstruit la ville dans le style espagnol. Elle est rebaptisée Mexico. Sur l'emplacement de l'enceinte sacrée, les Espagnols édifient une grande place et une cathédrale. La reconstruction aurait été impossible sans la force de travail des Aztèques.

La cathédrale bâtie à l'époque de Cortés fut remplacée par celle-ci, plus grande, édifiée entre 1573 et 1813.

La Plaza Mayor, appelée aujourd'hui place du Zócalo

Une vue de la cathédrale de Mexico peinte par Carl Nebel, tirée d'un album de lithographies (1836).

LES CONQUÉRANTS À LA CROIX

TANDIS QUE MEXICO ÉMERGE DES RUINES de Tenochtitlán, les Espagnols commencent à étendre leur territoire en Amérique centrale. Les Mayas et les habitants de la côte Pacifique résistent aux *conquistadores* (les conquérants espagnols) mais, dans plusieurs régions, ceux-ci sont bien accueillis. Cependant, les Indiens réalisent bientôt qu'ils ont échangé un puissant suzerain contre un autre. La plupart des Espagnols se préoccupent peu du bien-être et des traditions des populations indigènes. Ils remplacent simplement la religion, la langue, les lois et les coutumes du Mexique par celles de l'Espagne. Mais Cortés et ses successeurs ne parviennent pas à détruire entièrement la culture des Aztèques. Aujourd'hui, le passé du pays se perpétue dans bien des aspects de la société mexicaine.

> « Envoie-moi de l'or car moi et mes compagnons souffrons d'une maladie du cœur qui ne peut être guérie que par l'or. »
>
> Message de Cortés à Moctezuma, d'après l'*Histoire de la conquête du Mexique*, de Francisco López de Gómara, 1552

ÉLEVER DES CROIX
Les Mexicains qui se sont convertis participent souvent avec enthousiasme à la destruction des anciens temples et à l'édification de nouveaux sanctuaires chrétiens.

CÉRÉMONIE DE BAPTÊME
Les prêtres accueillent les convertis dans la foi chrétienne en les baptisant avec de l'eau. Les convertis reçoivent un nouveau nom, chrétien.

VRAIS CONVERTIS ?
Il est difficile d'évaluer combien d'entre les baptisés abandonnent vraiment leurs croyances traditionnelles. Certains prêtres insinuent qu'au lieu de mille dieux, les Aztèques convertis au christianisme en ont, dès lors, mille et un !

Bâtir sur le passé
Pour bien marquer la suprématie de la religion catholique sur les croyances aztèques, les Espagnols élèvent souvent églises et chapelles directement sur les ruines des temples aztèques. Sous cette église, dans la ville de Mitla, se trouvent les vestiges d'un temple, peut-être édifié par le peuple voisin des Mixtèques.

LE CHRISTIANISME

En 1524, douze moines franciscains arrivent d'Espagne pour favoriser la diffusion de la religion chrétienne. Beaucoup d'autres suivent. Finalement, la plupart des Mexicains se convertissent au catholicisme. Outre leur mission évangélique, les prêtres défendent souvent les Aztèques qui sont exploités et maltraités par les Espagnols. En prêchant en langue nahuatl, certains parviennent à comprendre, à apprécier et, parfois même, à noter quelques-unes des traditions mexicaines.

Une scène du *Lienzo de Tlaxcala*

Blason du roi d'Espagne Charles V

Vice-rois espagnols

Seigneurs de Tlaxcala

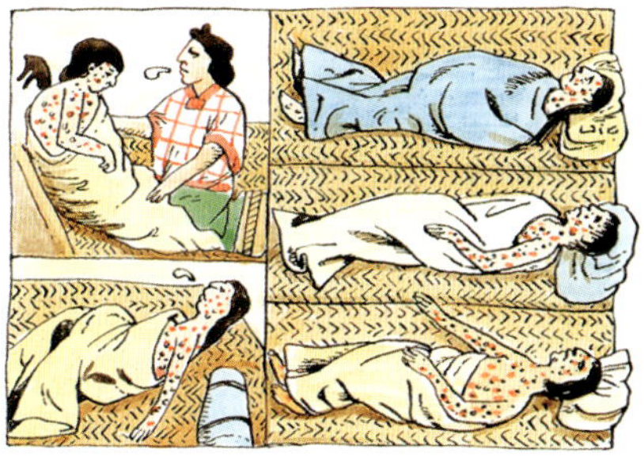

NOUVELLES MALADIES

En 1520, un soldat espagnol est atteint de la petite vérole. Cette maladie européenne est alors inconnue au Mexique, aussi la population indigène n'a-t-elle pas de défenses naturelles. L'année suivante, la petite vérole tue jusqu'à la moitié des Mexicains. Cette scène du codex Florentino décrit les souffrances des victimes.

GOUVERNER LA COLONIE

À partir de 1535, le Mexique est dirigé par des gouverneurs espagnols appelés vice-rois. Ils tentent souvent de protéger les indigènes mais les colons et les fonctionnaires corrompus s'opposent à eux. Finalement, seuls ceux qui ont des ancêtres espagnols peuvent prétendre à une terre, au pouvoir et à la justice.

Avec l'or aztèque, les Espagnols frappent des pièces comme ces doublons.

Une population décimée

APRÈS LA CONQUÊTE, la population du Mexique diminue rapidement. Des millions d'Indiens meurent de nouvelles maladies venues d'Europe mais aussi de faim et des mauvais traitements que leur infligent leurs vainqueurs.

Épidémies

Petite vérole, rougeole, oreillons, typhus et tuberculose déciment les Mexicains. Les pires épidémies ont lieu en 1545-1546 et 1576-1579.

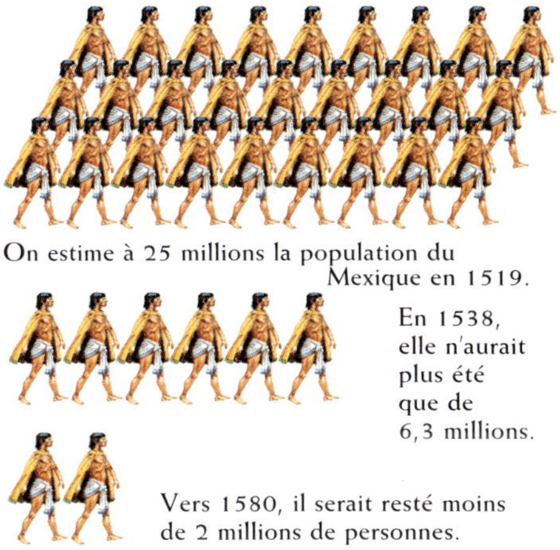

On estime à 25 millions la population du Mexique en 1519.

En 1538, elle n'aurait plus été que de 6,3 millions.

Vers 1580, il serait resté moins de 2 millions de personnes.

L'OR MEXICAIN

Les Espagnols fondent tous les objets en or qu'ils peuvent trouver. Ils envoient cet or en Espagne où l'on en fait de la monnaie. La quantité d'or qui afflue sur les marchés européens est telle que les prix s'envolent.

REPÈRES

- Le premier évêque du Mexique se vante d'avoir détruit en cinq ans à peine 500 temples et 20 000 idoles.
- Les Espagnols appellent leur colonie mexicaine la Nouvelle-Espagne.
- Le Mexique est dirigé par les Espagnols pendant trois cents ans. Il sera indépendant en 1822.

La mère parle à son enfant.

Les fleurons indiquent l'âge du bébé en jours.

Une sage-femme emporte l'enfant pour le baigner.

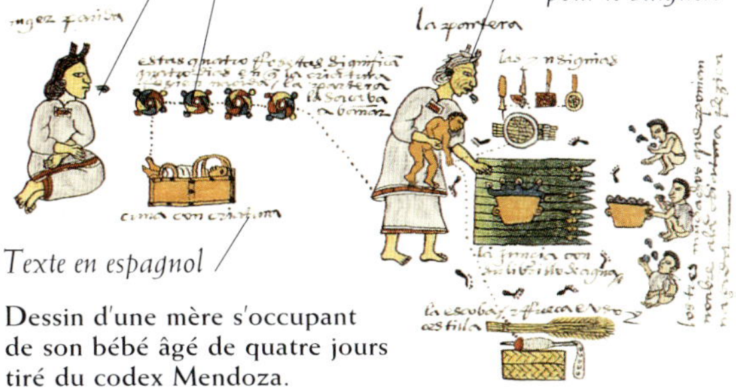

Texte en espagnol

Dessin d'une mère s'occupant de son bébé âgé de quatre jours tiré du codex Mendoza.

LA MÉMOIRE DES AZTÈQUES

Pour essayer de comprendre et de convertir les Aztèques, quelques prêtres espagnols leur demandent de noter les détails de leur vie sous forme de codex. Les prêtres ajoutent en espagnol des commentaires expliquant les pictogrammes.

Fillettes mexicaines lors de leur première communion

L'influence espagnole perdure

Aujourd'hui, l'espagnol est toujours la langue principale au Mexique. Les Espagnols ont également atteint leur objectif de christianiser le Mexique – 95 % des Mexicains actuels sont catholiques. Néanmoins, quelques personnes pratiquent encore les religions traditionnelles.

Le mode de vie aztèque

Plumassier aztèque

EN S'APPUYANT SUR LEUR FORCE MILITAIRE, LES AZTÈQUES ont créé un monde bien ordonné. Des nobles puissants gouvernent l'empire, tandis que des paysans laborieux le ravitaillent et le défendent. Des prêtres aux habits tachés de sang prient pour lui. Mais aux confins de l'empire, les peuples soumis doivent payer tribut à un lointain empereur qu'ils haïssent !

Métier de ceinture utilisé par les femmes aztèques pour tisser les vêtements.

Fresque intitulée *La Grande Cité de Tenochtitlán* peinte par l'artiste mexicain Diego Rivera en 1945

Les hauts temples-pyramides marquent le cœur religieux de la cité et de l'empire.

Les marchands et les collecteurs d'impôts sillonnent les routes et rapportent à Tenochtitlán les richesses récoltées.

LA SOCIÉTÉ AZTÈQUE

UNE PROMENADE DANS UNE RUE PASSANTE de Tenochtitlán nous révèle le fonctionnement de la société aztèque. Vêtus d'étoffes bon marché unies, les pauvres, cultivateurs et artisans, constituent la majorité de la foule. Les quelques riches nobles se repèrent facilement. Ils portent de brillants costumes de plumes et tous s'écartent et s'inclinent sur leur passage. Ces nobles ne détiennent le pouvoir et la richesse que parce que leurs parents ont bénéficié des mêmes avantages. D'autres groupes, comme les guerriers et les prêtres, combattent, travaillent ou étudient pour gagner certains privilèges. Même les gens du peuple n'ont pas tous un statut égal. Certains sont propriétaires de la terre qu'ils cultivent tandis que les paysans sans terre et les esclaves forment le bas de l'échelle sociale.

L'EMPEREUR

Avec ses alliés de la triple alliance, Moctezuma II règne sur le vaste empire aztèque. Il vit dans un luxe absolu et a presque le rang d'un dieu.

TLATOANI
Un roi d'une cité-État qui possède toute la terre

LES NOBLES

10 à 20 % des Aztèques sont des nobles. Ils ont le droit de porter des bijoux et des manteaux ornés, et de vivre dans des maisons à un étage.

LES PRÊTRES

L'empereur en est le chef. Ceux de haut rang sont toujours des nobles mais d'autres citoyens étudient pour obtenir des charges inférieures.

QUETZALCÓATL
L'un des deux grands prêtres de la grande pyramide

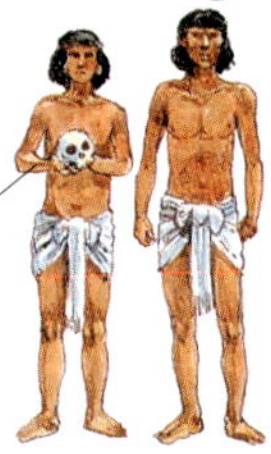

TLAMACAZTON
Ces « petits prêtres » sont des garçons destinés à la prêtrise, mais tous ne réussissent pas.

TLENAMACAC
« Prêtre du feu » maniant le couteau de silex lors des sacrifices au temple

LES MARCHANDS

Les *pochteca* (marchands ambulants) ont un rang plus élevé que les autres hommes du peuple. Ils fournissent la ville en produits de luxe importés et espionnent parfois pour l'empereur.

Les porteurs acheminent les marchandises.

LES AGRICULTEURS

Les familles d'agriculteurs aztèques vivent en communautés de dix à vingt foyers. Chaque famille possède des terres où elle cultive le maïs pour sa subsistance, mais aussi pour l'impôt.

La terre est transmise aux enfants à la mort des parents.

Sur cette illustration d'un codex, le dieu des marchands aztèques porte deux routes qui se croisent sur son dos. L'empreinte de pas symbolise le voyage.

Yacatecuhtli, dieu des marchands

Marchand de plumes

Le commerce et les voyages
Les marchés de Tenochtitlán sont remplis de cultivateurs locaux qui échangent leur production contre des fèves de cacao et des manteaux de coton utilisés par les Aztèques comme monnaie. Pour le commerce à longue distance, les marchands voyagent pour exporter linge, vêtements, herbes, teintures, couvertures et couteaux de pierre puis reviennent à Tenochtitlán avec des plumes et d'autres produits de luxe.

LE COMMERCE DES PLUMES
Les marchands parcourent de grandes distances pour acheter des plumes de perroquets, d'aras et de quetzals.

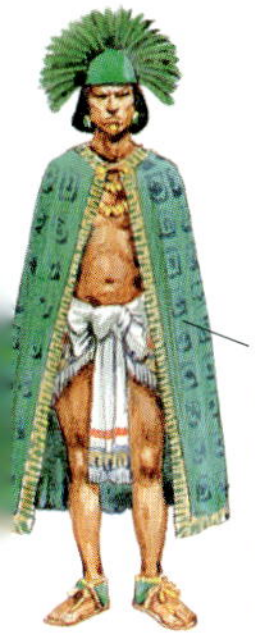

Seul l'empereur peut porter des habits bleu turquoise.

Ce collier de jade en forme de serpent est porté par un prêtre.

LES ARTISANS

Orfèvres, potiers, tisserands, tailleurs de pierre et plumassiers ont tous leur corporation. Ils travaillent en ateliers dans les faubourgs des villes. Ces artisans sont souvent des étrangers. Les quelques exemples conservés de leur travail sont d'habiles chefs-d'œuvre.

REPÈRES

- La position d'un individu dans la société aztèque n'est pas immuable. L'homme comme la femme peuvent monter ou descendre dans l'échelle sociale.
- Les très riches marchands partagent les privilèges des plus bas rangs de la noblesse.
- La bravoure sur le champ de bataille confère de grands honneurs.
- Les familles qui ne travaillent pas leur terre la perdent et deviennent paysans sans terre.
- Les joueurs se vendent souvent comme esclaves pour payer leurs dettes.

PIPILTIN
Noble qui sert un tecuhtli

TECUHTLI
Un noble de haut rang qui a reçu des terres

Ces symboles représentent la parole et indiquent que le père donne ses instructions à ses fils.

Planche de codex représentant un père instruisant ses fils

GUERRIER-JAGUAR
Noble membre de l'une des confréries militaires d'élite

OFFICIER
Il conduit les troupes à la bataille.

SOLDAT
Les citoyens ordinaires deviennent soldats lorsqu'un danger menace l'empire.

LES GUERRIERS

Tous les garçons apprennent le métier des armes à l'école. Ceux qui atteignent un rang élevé gagnent le droit de dîner au palais royal, de porter de beaux vêtements et de boire de l'alcool.

L'ÉDUCATION

Certains enfants de nobles ou de riches marchands fréquentent le *calmecac* (école du temple) pour devenir prêtres. Les autres garçons entrent au *telpochcalli* (maison des jeunes hommes) où ils apprennent les techniques nécessaires à un guerrier.

L'ivresse constitue un délit sauf pour les vieillards.

Vieille femme

Boisson alcoolisée

LES PAYSANS SANS TERRE

Chez les Aztèques, les gens du peuple ne possèdent pas tous une terre. Un *tlalmaitl* loue la terre à un noble et le paie avec une partie de sa récolte.

Un tlaltmaitl *peut être chassé de sa terre par la guerre.*

LES ESCLAVES

Les plus humbles des Aztèques sont esclaves mais ils jouissent néanmoins de quelques droits. Ils peuvent économiser, acheter des maisons ou des terres et épouser des Aztèques libres.

Les enfants d'esclaves naissent libres.

LA LOI

Les Aztèques ont un système judiciaire bien développé : les codex répertorient les peines de 80 délits distincts. La justice est rapide et sévère, aussi les crimes sont-ils rares. On attend de la part des nobles un plus grand respect de la loi que de la part des gens du peuple.

LA COUR DORÉE DE L'EMPEREUR

DANS SON PALAIS AU CŒUR DE TENOCHTITLÁN, l'empereur aztèque mène une vie d'un luxe absolu. Une centaine de femmes l'entourent. Il déguste des mets délicats tandis que des jongleurs le distraient. Il flâne ensuite dans des jardins flottants, où des oiseaux viennent picorer dans sa main. Pour soutenir ce train de vie, Moctezuma et les nobles de sa cour puisent abondamment dans les richesses de l'empire. Le peuple mexicain doit verser un tiers de ses productions en taxes et impôts pour entretenir l'empereur.

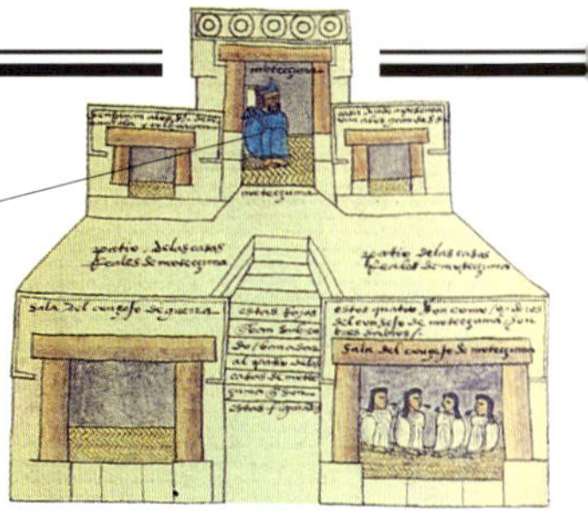

LA PIÈCE DU HAUT
Sur les planches des codex, l'empereur se tient au dernier étage du palais.

La simplicité des bâtiments palatiaux
Les Espagnols ont détruit les palais de Tenochtitlán, aussi ne pouvons-nous que deviner à quoi ils ressemblaient d'après les descriptions et les illustrations des codex (ci-dessus). Le palais de Moctezuma ne comportait qu'un étage mais il couvrait une vaste surface. Les nombreuses pièces s'organisaient autour de trois cours-jardins.

LES ÉTANGS ET LES PISCINE[S]
Le bruit de l'eau anime les jardins du palais. Elle ruisselle des cascades et des fontaines et remplit les bains en plein air de l'empereur.

Une servante ne doit pas regarder l'empereur.

Tous ceux qui approchent l'empereur vont pieds nus en signe de respect.

L'ÉCRAN EN OR
Les nobles tiennent parfois compagnie à Moctezuma derrière l'écran mais ne s'assoient jamais à sa table.

LES JARDINS

Les jardins de l'empereur émerveillent les Espagnols. D'innombrables jardiniers entretiennent des parterres de fleurs odorantes et cultivent des herbes médicinales. Des oiseaux apprivoisés chantent dans les arbres. On y trouve des résidences d'été où Moctezuma se repose durant ses promenades et assiste aux représentations de danseurs et de chanteurs.

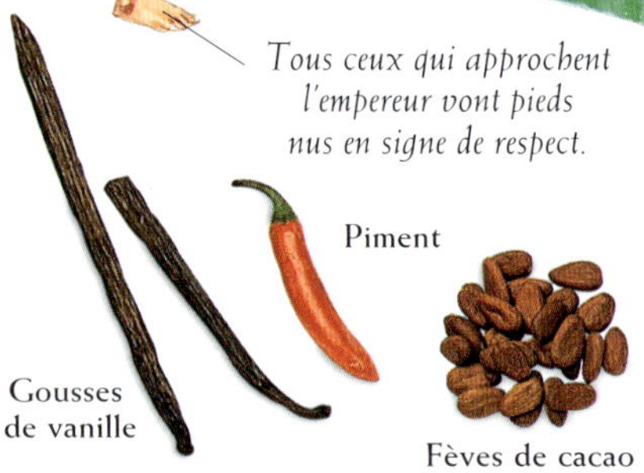

Gousses de vanille

Piment

Fèves de cacao

Le chocolat de luxe
Moctezuma boit du *chocolatl* amer, une boisson à base de fèves de cacao parfumée de cannelle, de vanille et de piments. Seuls les nobles peuvent s'offrir cette boisson parce que les fèves de cacao ont une telle valeur pour les Aztèques qu'elles sont utilisées comme une sorte de monnaie.

LE DÎNER SEUL

Bien qu'il partage son palais avec de très nombreux parents et des nobles, l'empereur aztèque vit à part. Aux repas, il s'assoit seul à une table cachée des regards. De belles femmes lui lavent les mains et lui servent les plats qu'il a choisis dans un long menu.

REPÈRES

- Les serviteurs de Moctezuma lui préparent plus de trente plats différents à chaque repas.
- Chaque jour on lui offre de la dinde, du faisan, de la perdrix, des cailles, du canard, des venaisons, du lapin, etc.
- Moctezuma boit son chocolat dans des coupes en or fin.
- Pendant le repas de l'empereur, les gardes, dans les pièces voisines, n'osent pas même parler.

Les oiseaux de proie

Les gardiens nourrissent chaque oiseau avec ce qu'il mangerait dans la nature.

La maison de plumes

Moctezuma possède deux grandes volières où sont élevées toutes les espèces imaginables d'oiseaux. Dans la maison de plumes, des flamants déambulent le long de vastes bassins et des perroquets multicolores nichent. Trois cents serviteurs nourrissent et soignent les oiseaux apprivoisés. En période de mue, les gardiens arrachent les plumes des oiseaux pour en faire des vêtements pour les nobles de la cité.

L'habitat naturel
Les étangs du palais reproduisent l'habitat naturel des oiseaux. Il y a des bassins séparés pour l'eau salée et l'eau douce.

Les employés aux volières
Nettoyer les étangs, les garnir de poissons, nourrir et même épouiller les oiseaux, occupe les employés.

Bêtes en cage
Les animaux sauvages sont gardés dans des enclos de bois.

Ambiance
La nuit, les rugissements, les hurlements et les cris des animaux résonnent dans la ville.

Dans la ménagerie

Dans la maison des oiseaux de chasse, Moctezuma garde aussi des bêtes sauvages en cage. Cortés découvre des lions, des tigres, des lynx et des loups. Des reptiles comme des crocodiles ou des serpents vivent dans des jarres. Les gardiens nourrissent les animaux avec du gibier et racontent aux Espagnols qu'après les sacrifices, les bêtes mangent de la chair humaine, les serpents buvant le sang.

Cortés décrit les serpents comme « féroces, venimeux et affreux ».

Des habits de riches

Des règles strictes régissent les habitudes vestimentaires des Aztèques, car l'habit indique la position sociale de la personne qui le porte. Les gens du peuple ne portent que des vêtements unis mais les nobles ont droit à un plus grand choix. Leurs costumes sont décorés de plumes, de fourrure et d'or, et teints de couleurs vives.

Noble dame
Les femmes de la noblesse portent des corsages et des jupes colorés. Elles arborent des bijoux coûteux et parfois se fardent le visage d'un fond de teint jaune clair.

Noble aztèque
Comme le plus humble des travailleurs, les hommes de la noblesse portent le pagne et le manteau. Cependant, ceux-ci sont brodés avec soin et le manteau est orné de plumes.

Seuls les nobles s'offrent des chaussures. Les gens du peuple vont pieds nus.

L'or étincelant
Des bijoux d'or fin indiquent une position élevée dans la société aztèque. Les nobles, hommes et femmes, portent des colliers et des bracelets aux bras et aux jambes.

Les manteaux confectionnés par les plumassiers sont chauds et superbes.

Ces plumes d'un vert brillant proviennent de la queue de l'oiseau quetzal.

La coiffe de plumes
Les vêtements ornés de plumes caractérisent les fonctionnaires et les guerriers aztèques de haut rang. Les plus belles parures sont cependant réservées à l'empereur. Cette grande couronne de plumes est une reconstitution d'un présent offert par Moctezuma à Cortés.

LA VIE SUR LE LAC

QUAND LES ESPAGNOLS PÉNÈTRENT DANS Tenochtitlán, de nombreux Aztèques les observent depuis leurs canoës. Pour ces travailleurs et ces cultivateurs, la rencontre sur la chaussée est une pause bienvenue dans une vie de labeur et de famine. Sur de petits lopins familiaux ils font pousser juste de quoi nourrir les leurs. Tout surplus part comme tribut à Moctezuma. Une partie du temps, les paysans sont aussi soldats. En combattant bravement dans des guerres perpétuelles, ils gagnent des honneurs, des terres supplémentaires et accèdent à une vie meilleure...

FAIT MAIN

La maison d'un Aztèque est aussi un atelier. Les cultivateurs qui possèdent une compétence artisanale, la poterie par exemple, fabriquent des articles (ici un bol) pour leur propre usage ou pour les vendre sur les gigantesques marchés de la ville qui ont tant impressionné Cortés.

DES METS ÉTRANGES
Les pauvres complètent leur menu avec des limaces, des têtards, des mouches et des vers.

Haricots

Les piments broyés dans un bol forment une pâte fine.

Piments

UN RÉGIME FRUGAL

Les Aztèques pauvres se nourrissent de farine de maïs sous forme de bouillie ou de crêpes appelées *tortillas*. Ils apprécient aussi les patates douces, les haricots et les avocats. Les piments, les oignons et les tomates servent d'assaisonnement. La viande est un luxe mais, lors des fêtes, les Aztèques mangent de la dinde arrosée de *pulque* – sève d'agave fermentée. Le lac fournit des mets qui nous semblent bizarres : des algues flottantes entrent dans la fabrication d'une sorte de tarte et les œufs d'insectes aquatiques sont une friandise...

Tomate

Maïs

Tortillas

LA CUISSON
Ce disque de terre cuite a une base rugueuse pour transmettre la chaleur aux tortillas *posées dessus.*

Cacahuètes

Encolure du huipilli (corsage) ornée de broderies

Au travail, les hommes portent un pagne.

LES VÊTEMENTS UNIS

Les gens du peuple ne peuvent pas s'offrir les costumes brillants des nobles. Cultivateurs et travailleurs ceignent leurs reins d'un pagne uni et se protègent du froid dans un manteau tissé en grossières fibres d'agave. De même, le vêtement des femmes – une jupe longue retenue par une ceinture – est également uni. Les femmes pauvres ne couvrent pas leur poitrine, les plus aisées portent un corsage.

LE TRAVAIL DES ENFANTS

L'enfance ne dure que jusqu'à l'âge de 6 ou 7 ans. Après, les enfants observent leurs parents au travail et les imitent dans leurs tâches. Les enfants de cultivateurs fréquentent le *telpochcalli* (maison des jeunes hommes) où les garçons s'exercent aux armes.

LA PUNITION
Les parents placent les enfants désobéissants au-dessus d'un feu de piments.

D'HUMBLES DEMEURES

Les maisons aztèques ordinaires se composent d'une pièce unique en torchis. Même les plus modestes possèdent cependant une cuisine et une salle de bains séparées. Quand les familles s'agrandissent et prospèrent, les habitants ajoutent des pièces mais leurs maisons restent très simples. Les seuls meubles sont des nattes sur lesquelles on peut dormir et s'asseoir et de petits coffres en vannerie pour les effets personnels. Le lopin de terre des familles de paysans s'étend autour de leur maison et, dans la région des *chinampas*, le canal voisin sert de point d'eau, de réserve de nourriture et de voie de communication.

Les filles tiennent leur savoir-faire de leur mère.

DU TRAVAIL POUR LES FEMMES

Quelques femmes mexicaines obtiennent leur indépendance comme guérisseuses, sages-femmes ou prêtresses. Les veuves et les femmes âgées inspirent le respect par leur sagesse et leur expérience. Mais la plupart ont peu de pouvoir réel ; l'artisanat, l'agriculture, la tenue du ménage et les enfants prennent tout leur temps et leur énergie.

La famille mange et dort dans la même pièce.

UN TOIT IMPERMÉABLE
Couvert d'herbes ou de roseaux, il protège de la pluie.

VIVRE DEHORS
Les très grands froids et les très fortes chaleurs sont rares sur le plateau central du Mexique, aussi les familles passent-elles une bonne partie du temps à l'extérieur.

Les pots de cuisson reposent sur les trois pierres du foyer.

LE MOYEN DE TRANSPORT
Les canoës faits de troncs d'arbres évidés constituent le seul mode de transport : il n'y a ni véhicules à roues, ni animaux de bât.

Les pêcheurs utilisent le filet et le trident.

LA PRÉPARATION DU REPAS
On écrase le maïs avec un rouleau de pierre pour obtenir la farine des tortillas.

LES FILETS À GIBIER
Oies et canards migrateurs constituent une importante source de protéines. On les piège dans des filets.

Les jardins flottants

LA TERRE CULTIVABLE est rare autour de Tenochtitlán. Les paysans taillent des terrasses dans les flancs des collines et cultivent même le lac. Ils créent des champs appelés *chinampas* (jardins flottants) qui ne flottent pas réellement. Ce sont en fait des terrains asséchés disposés selon un plan quadrillé et séparés par des canaux.

Niveau de l'eau

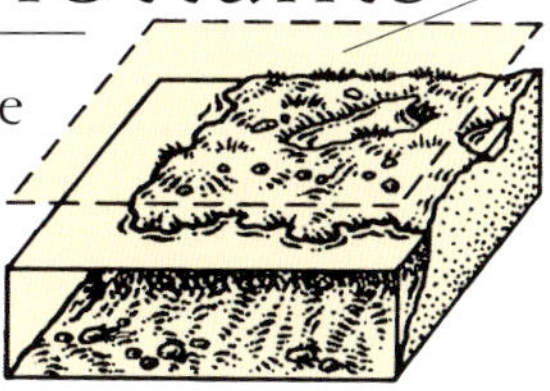

1 Le lac Texcoco s'assèche progressivement. Avec la baisse du niveau de l'eau, de nouvelles zones marécageuses et vaseuses apparaissent dans les régions peu profondes du lac.

Le sol surélevé est plus sec.

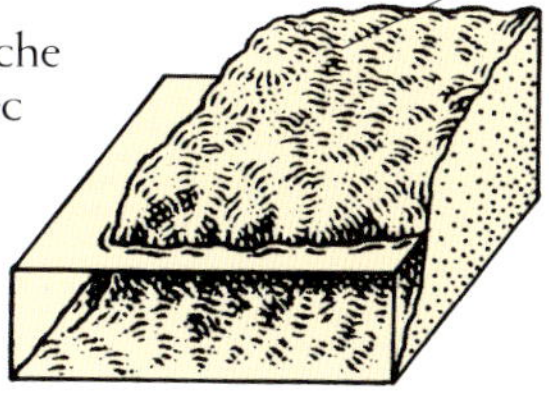

2 Les cultivateurs extraient la terre du fond du lac. Ils l'entassent sur les étendues marécageuses pour former des lopins rectangulaires séparés par de profonds canaux remplis d'eau.

Piquet de saule

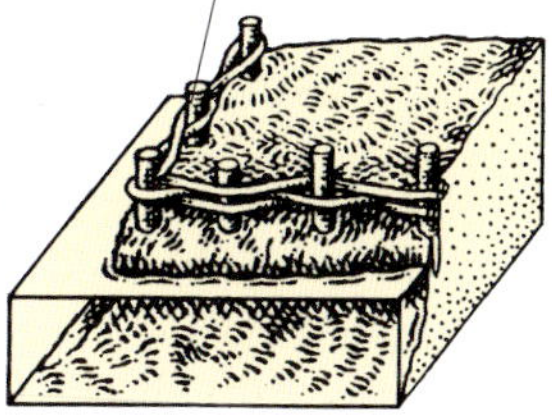

3 En enfonçant des piquets de bois dans le sol autour de la bordure de ces lopins, on empêche la terre de glisser.

Dinde au pâturage

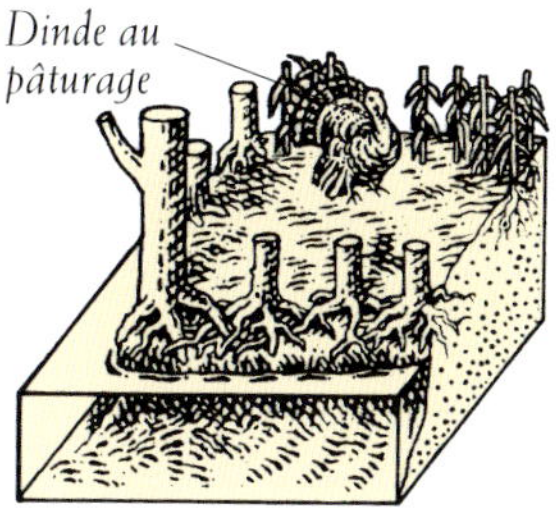

4 Les piquets deviennent des arbres qui protègent les cultures et les bêtes. Leurs racines emmêlées renforcent les rives des *chinampas*.

LA GUERRE ET L'EMPIRE

IMAGINEZ UN MONDE CONSTAMMENT en guerre : où la réussite dépend de de la bravoure sur le champ de bataille et où des simulacres de combats remplacent les vrais, même en temps de paix. C'est le monde dans lequel évoluent les Aztèques. Les vaillants guerriers sont des héros et ils vivent dans le luxe. Leur science du combat permet à Tenochtitlán et à ses deux cités alliées de dominer tout le centre du Mexique. Sa puissance militaire enrichit la triple alliance et appauvrit les peuples voisins. Le succès des combats assure aussi un approvisionnement constant en captifs pour les sacrifices. Les Aztèques croient que ces sanglants rituels religieux leur procurent toujours plus de victoires.

« Cet Indien, nommé Tzilacatzin, apparut en costume otomi… attaquant l'ennemi sans craindre personne, comme inconscient. »

Bernardino de Sahagún, *Histoire générale des choses de la Nouvelle-Espagne*, 1580

Les armes aztèques
À l'aide d'un propulseur appelé *atlalt*, un guerrier peut projeter des javelines à 60 m. Deux nouvelles armes – l'arc et le sabre – donnent aux Aztèques l'avantage sur les peuples voisins.

Guerriers aztèques d'élite

Les Guerres des fleurs
Ce sont de petites batailles rangées organisées par les Aztèques pour mater leurs voisins et se procurer des victimes à sacrifier. Quelques troupes de chaque camp s'affrontent à un moment et en un endroit convenus à l'avance. Souvent victorieux, les Aztèques finissent ainsi par dominer leurs ennemis.

Léger bouclier de vannerie recouvert de cuir

Sabre de chêne au tranchant muni de lames de pierre

UN CHEVALIER EN ARMURE
Les guerriers expérimentés ont de meilleures armes et portent une armure de coton capitonné et empesé pour se protéger des flèches et des javelines.

LES GUERRIERS AZTÈQUES

Dans la civilisation aztèque, tous les hommes doivent faire leur service militaire dans l'armée de l'empereur. Les apprentis guerriers portent un simple pagne et arborent des peintures de guerre. Ils combattent armés d'arcs et d'*atlatls*. Faire des prisonniers rapporte au guerrier une promotion, une armure, de meilleures armes et un rang plus élevé sur le champ de bataille et dans le civil.

Javeline en chêne à pointe de pierre taillée

Atlatl

UN COMBATTANT NOVICE
Un apprenti guerrier ne porte pas d'armure et ne possède qu'un armement sommaire.

LE DIEU DE LA GUERRE

Huitzilopochtli, qui préside à la guerre, est l'un des dieux les plus importants. Les Aztèques croient qu'il guide leurs campagnes militaires, qu'il leur procure des armes et leur assure la victoire. En échange, Huitzilopochtli exige d'incessantes offrandes de sang et de cœurs humains.

Payer le tribut

QUAND LA TRIPLE ALLIANCE soumet une région, les habitants doivent payer tribut à leurs nouveaux dirigeants. Il s'agit d'une taxe sur les biens ou le travail. Les collecteurs d'impôts visitent chaque village pour s'assurer que les paiements sont bien effectués. Enrichie par ces ressources venues de tout le pays, l'alliance est très puissante.

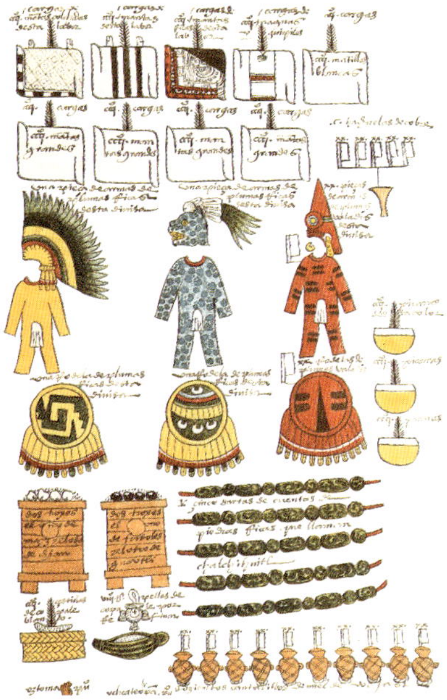

Une liste pour ne rien oublier
Les scribes aztèques dressent la liste du tribut dû par chaque ville conquise. En haut de celle-ci, extraite du codex Mendoza, figurent deux rangées de manteaux. Les symboles indiquent qu'il en est demandé quatre cents de chaque sorte.

Statue en terre cuite d'un guerrier-aigle

Le guerrier-aigle
Les nobles soldats qui capturent quatre prisonniers rejoignent les troupes d'élite des guerriers-aigles ou jaguars. Ils portent une armure à l'image de ces animaux. D'autres prisonniers leur valent le grade d'*otomi* ou guerrier tonsuré.

ATTAQUE DE PROJECTILES
La bataille commence par un tir de barrage d'une minute au moyen de lances, de flèches et de pierres.

Les guerriers armés de frondes lancent des pierres à plusieurs centaines de mètres.

Le sabre aztèque est assez tranchant pour couper une tête d'un seul coup.

LA CHARGE
Les guerriers d'élite, aigles et jaguars, mènent la charge contre l'ennemi. Les soldats expérimentés suivent, tandis que les troupes de novices gardent les flancs et les arrières.

LE COMBAT À L'ÉPÉE
La bataille à l'épée et à la lance une fois engagée, les armes de jet deviennent inutiles parce qu'elles risquent de blesser un soldat ami.

FAIRE UN PRISONNIER
Tuer l'ennemi n'est pas le seul but de la guerre. Les guerriers aztèques reçoivent de plus grands honneurs en capturant des prisonniers vivants, et ce d'autant plus que le captif est réputé pour sa combativité.

LA BATAILLE COMMENCE

Chez les Aztèques, les batailles commencent à l'aube. Les troupes rivales se font face à une distance d'environ 50 à 60 m. Le signal des trompettes et des tambours donne l'ordre aux soldats d'avancer. Le front des troupes est en rangs serrés pour se protéger les uns les autres, et essaie de briser les lignes ennemies en petits groupes, plus faibles.

DES CAPTIFS POUR LE SACRIFICE

Les guerriers capturés sur le champ de bataille sont ramenés à Tenochtitlán. On les garde en prison pour les sacrifier plus tard aux dieux aztèques. Jusqu'à leur mise à mort dans le temple, ils sont traités comme des dieux.

RELIGION ET SACRIFICES

UN CRI D'AGONIE RETENTIT À TRAVERS l'enceinte sacrée. Un prêtre apparaît au sommet de la plus haute des pyramides. Du sang constelle son manteau de plumes aux brillantes couleurs. Il tient dans ses mains un cœur humain encore palpitant. Quelques secondes plus tard, le corps inanimé de la victime dévale les marches du temple-pyramide. Le rituel sacré est accompli ; les prêtres ont offert le cœur et le sang d'un homme à leurs dieux. Le guerrier qui l'a capturé mangera bientôt des morceaux de son corps au cours d'une cérémonie religieuse solennelle. De tels sacrifices humains rempliront d'horreur les Espagnols. Pourtant, les Aztèques croient que, si le rituel devait s'arrêter, les récoltes seraient mauvaises, les saisons ne se succéderaient plus et le soleil ne se lèverait plus ; la vie elle-même s'arrêterait.

LES PRÊTRES AZTÈQUES
Ils vivent simplement et n'ont pas le droit de se marier. Leur devoir ne prend pas fin avec les macabres cérémonies du temple. Chaque soir, ils s'entaillent les oreilles pour offrir leur propre sang aux dieux.

On sacrifie parfois des centaines de victimes en un jour.

Le sang couvre les robes des prêtres et inonde les marches.

LE SACRIFICE HUMAIN
Les Aztèques croient que les dieux ont versé leur propre sang pour créer le monde. Ils s'acquittent de cette dette par les sacrifices humains. Les prêtres renversent un captif sur une pierre au sommet de la pyramide sacrée et lui arrachent le cœur avec un couteau de silex. Ils offrent le cœur aux dieux et jettent le corps au bas des marches de la pyramide.

L'ESCALIER DE LA MORT
Cent treize marches conduisent au sommet de la pyramide.

LA PIERRE RONDE
Les corps sans vie des victimes sacrificielles dévalent jusqu'à cette pierre ronde, exhumée par des archéologues en 1978.

TÉMOIGNAGE
« Ils ouvraient la poitrine du malheureux Indien avec des couteaux de silex et arrachaient en un clin d'œil le cœur palpitant qu'ils présentaient avec le sang aux idoles. »

Bernal Díaz del Castillo, *Histoire véridique de la conquête de la Nouvelle-Espagne*, vers 1560

Le jour des Morts
Les efforts des Espagnols pour étouffer la religion aztèque n'ont que partiellement réussi. Aujourd'hui, à la Toussaint, les Mexicains célèbrent le jour des Morts en s'offrant des friandises en forme de squelettes : on peut y voir une survivance des anciens rituels sanglants.

Statue du dieu Xipe Totec

Les dieux aztèques

LORSQUE LES GUERRIERS AZTÈQUES ont pris une ville, ils s'emparent de ses idoles comme trophées et en adoptent les dieux. C'est pour cette raison que le nombre des dieux aztèques s'élève à plus de mille six cents. Cependant, seul un petit nombre est honoré lors d'une importante fête annuelle. Huitzilopochtli, le dieu de la guerre et du soleil, est particulièrement vénéré à Tenochtitlán. D'autres dieux représentent les éléments, les plantes ou les ancêtres.

Tlaloc
Cet ancien dieu de la pluie et de la fertilité est vénéré avec Huitzilopochtli sur la grande pyramide.

Tezcatlipoca
Tezcatlipoca, ou « miroir fumant », régit le destin de chacun ; il est peut-être le plus puissant de tous les dieux.

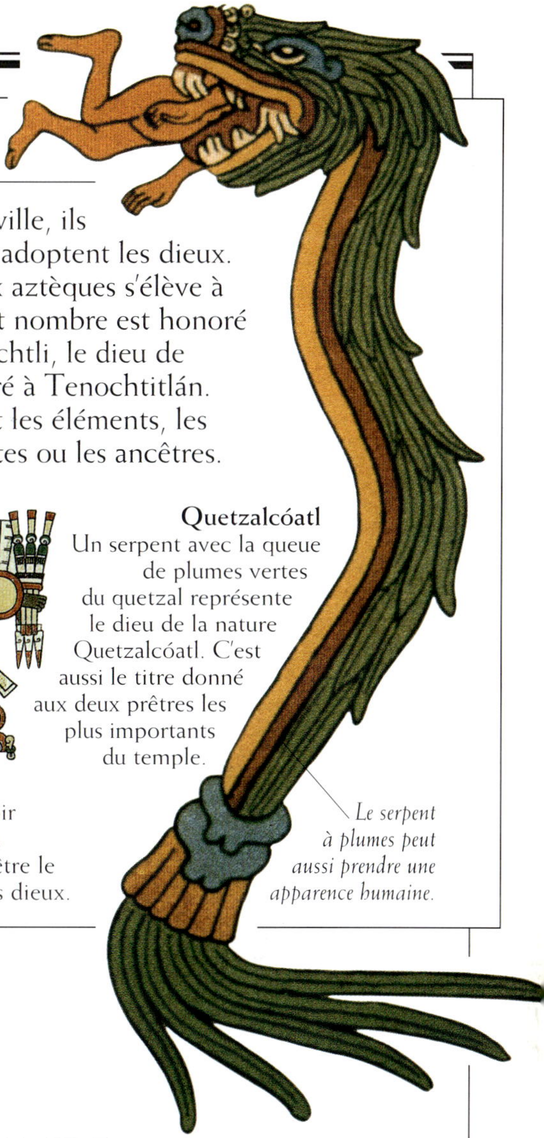

Quetzalcóatl
Un serpent avec la queue de plumes vertes du quetzal représente le dieu de la nature Quetzalcóatl. C'est aussi le titre donné aux deux prêtres les plus importants du temple.

Le serpent à plumes peut aussi prendre une apparence humaine.

LES IDOLES

Les Aztèques vénèrent des idoles – des statues de leurs dieux. Bon nombre en ont chez eux de petites en terre cuite. Les temples en abritent de plus grandes, souvent ornées d'or et de pierres précieuses.

Temple de Tlaloc

LE TEMPLE DE HUITZILOPOCHTLI
Huitzilopochtli est le dieu de la guerre et le protecteur du peuple aztèque.

Pierre du sacrifice

ENTERRER LE PASSÉ
Les Espagnols détruisent la grande pyramide mais, en construisant Mexico sur le même emplacement, ils préservent involontairement les vestiges de quatre temples enfouis en dessous.

LE TEMPLE-PYRAMIDE

Surplombant la cité sacrée au cœur de Tenochtitlán, la grande pyramide est le plus saint des lieux aztèques. Au sommet, les temples jumeaux abritent les idoles de Huitzilopochtli et de Tlaloc. Les sacrifices ont lieu sur une pierre à l'extérieur de l'un des temples, décoré avec les crânes des précédentes victimes. La pyramide mesure environ 60 m de hauteur et domine tous les bâtiments alentour. Au-dessous, on a retrouvé les vestiges d'au moins quatre pyramides antérieures.

Cette statue est sculptée dans le style des Toltèques, qui ont dominé le Mexique avant les Aztèques.

Chac-Mool (nom maya de Tlaloc)
Cette sculpture en pierre, découverte dans la pyramide la plus profondément enfouie, est appelée Chac-Mool. Elle représente un homme à demi allongé tenant un récipient, où les prêtres plaçaient peut-être les cœurs des sacrifiés.

ÉCRIRE ET COMPTER EN AZTÈQUE

Il est facile de se souvenir des dates au temps des Aztèques parce qu'elles sont représentées par des symboles familiers comme les animaux. Serpents, lapins, chiens et aigles apparaissent tous dans le calendrier. Lire est simple aussi : un codex aztèque est plein d'images.

LES SCRIBES

Il appartient aux scribes expérimentés de dessiner l'écriture pictographique des codex même si les philosophes et les prêtres savent aussi écrire.

Les symboles de l'année indiquent l'époque de la fondation de la cité.

La fondation de Tenochtitlán
Sur cette page du codex Mendoza, le grand X représente les eaux du lac Texcoco. Les personnages sont des rois aztèques, désignés chacun par leur nom.

LIRE ET ÉCRIRE

L'écriture aztèque n'emploie pas de lettres pour transcrire les sons. À la place, on se sert d'images et de glyphes (symboles). L'écriture n'est pas censée tout consigner ; un prêtre par exemple peut mémoriser l'histoire de son peuple et ne représenter dans un codex que les détails qu'il craint d'oublier.

Glyphe d'un bouclier fumant

Les yeux fermés symbolisent la mort.

La couronne désigne un roi.

Le bouclier fumant
Derrière la tête de ce roi se trouve un glyphe indiquant son nom qui signifie « bouclier fumant ».

COMPTER

Les Aztèques comptent en base vingt : 1, 20, 400 (20 x 20) et 8 000 (20 x 20 x 20). Ils écrivent les nombres intermédiaires en répétant chaque symbole jusqu'à 19 fois.

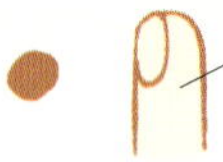

Les signes du point et du doigt

Le signe pour 1
Le symbole du chiffre est un point ou un doigt. Deux points signifient 2 et ainsi de suite jusqu'à 19.

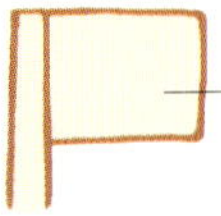

Le signe du drapeau

Le signe pour 20
Un drapeau représente le nombre 20. Deux signifient 40 et ainsi de suite jusqu'à 19 drapeaux, ou 380.

Ce signe représente des cheveux.

Le signe pour 400
Semblable à un épi, le signe pour 400 (20 x 20) désigne des objets « aussi nombreux que les cheveux ».

Signe pour un sac de fèves de cacao

Le signe pour 8 000
Un sac de fèves de cacao est le symbole pour 8 000 (20 x 20 x 20) et signifie « trop pour être compté ».

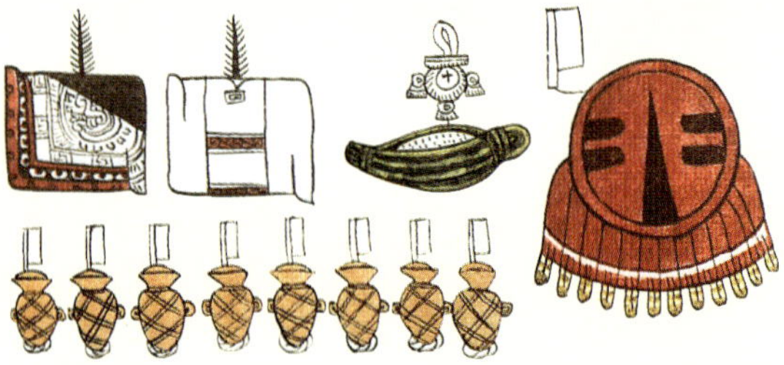

Les nombres sur une liste de tributs
Cette liste de tributs signifie que 400 couvertures unies et 400 ornées, 8 000 paquets d'encens, 160 jarres de miel et 20 boucliers sont exigés des vaincus.

Un mariage sur codex
Les prêtres espagnols ont annoté plusieurs codex pour expliquer leur signification. Cette scène du codex Mendoza décrit un mariage. Le couple est représenté avec les manteaux noués, ce qui symbolise les liens du mariage.

Les glyphes des empreintes montrent leur direction.

Ce glyphe représente la parole.

L'explication en espagnol

Couple aux manteaux noués

La mariée se rend à la cérémonie portée par le valet de la famille.

LES GLYPHES

L'écriture la plus simple utilise les images des objets. Lorsqu'il est impossible de dessiner un mot, les scribes reproduisent quelque chose que le lecteur peut rapprocher du mot ou quelque chose qui a le même son.

Tochtepec
Cette province s'appelle « sur la colline (*tepetl*) du lapin (*tochtli*) ».

Glyphe d'un chevalet à crânes

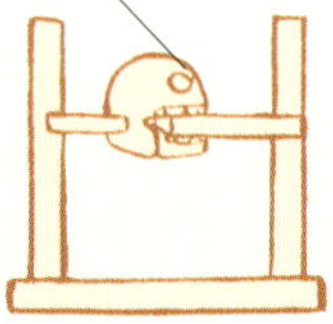

Tzonpanco
Ce nom de lieu veut dire « sur (*co*) chevalet porte-crâne (*tzonpantli*) ».

Les Aztèques brûlent les temples de leurs ennemis.

La conquête
Le glyphe d'un temple en flammes représente le mot « conquête ».

LE CALENDRIER AZTÈQUE

Les Aztèques utilisent deux calendriers : un de 365 jours comportant les événements saisonniers comme les moissons, et où chaque mois se compose de quatre semaines de cinq jours, une semaine « néfaste » supplémentaire complètant l'année de 18 mois ; et un calendrier liturgique de 260 jours, très différent.

La pierre du soleil
Ce grand disque de pierre mesure 3,60 m de diamètre. Il a été découvert sur le site de l'enceinte sacrée de Tenochtitlán en 1790.

Le cinquième soleil
La pierre du soleil illustre les croyances religieuses des Aztèques à propos des origines et de la fin du monde. Les Aztèques pensent qu'ils vivent à l'époque du cinquième (et dernier) soleil, les quatre soleils précédents ayant tous disparu.

Si les noms et les dates étaient les dents d'un engrenage, les deux mêmes dents se rencontreraient tous les 260 jours.

Date du 13-roseau, où fut créé le cinquième soleil

Ce cercle comporte les 20 jours du mois.

Au centre, le dieu représente probablement le soleil ou le seigneur de la Terre.

Les quatre panneaux carrés autour du centre indiquent les dates de mort des quatre soleils précédents.

Les nombres de 1 à 13

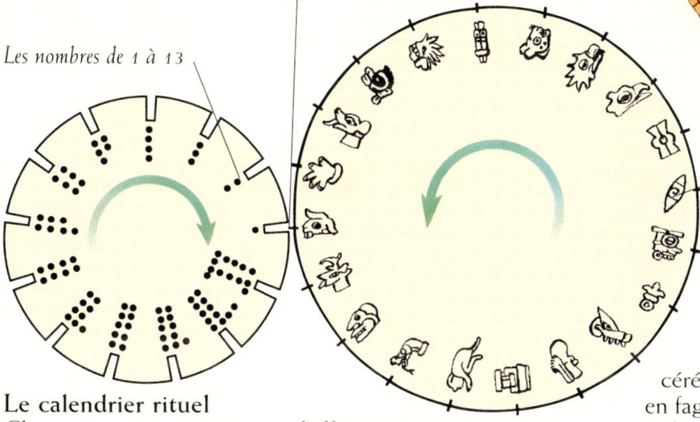

Les noms des 20 jours

Le calendrier rituel
Chaque jour a un nom et un chiffre – tous deux changent quotidiennement. Les nombres vont de 1 à 13 et les noms se répètent tous les vingt jours. Ainsi, le jour 2-eau suit le jour 1-lapin.

Feu et roseaux
Cette botte de roseaux sculptée représente la cérémonie de « la mise en fagot des années » ou « fête du feu nouveau ». Les Aztèques la célébraient tous les cinquante-deux ans, lorsque leurs deux calendriers coïncidaient.

BOTTE DE ROSEAUX SCULPTÉE

La fabrication du papier

LES SCRIBES AZTÈQUES écrivent sur des bandes de papier que l'on plie pour former un codex. Ces bandes, qui pouvaient atteindre 12 m de longueur, étaient obtenues en collant ensemble des feuilles de papier faites d'écorce de figuiers.

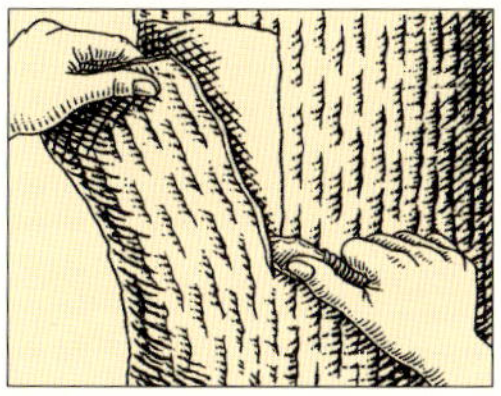

1 On coupe l'écorce avec un couteau de pierre et on la détache de l'arbre. Ensuite, on la fait tremper dans l'eau courante.

2 On fait bouillir les bandes d'écorce dans de l'eau et de la chaux. Ainsi, leurs fibres se ramollissent et sont plus faciles à séparer.

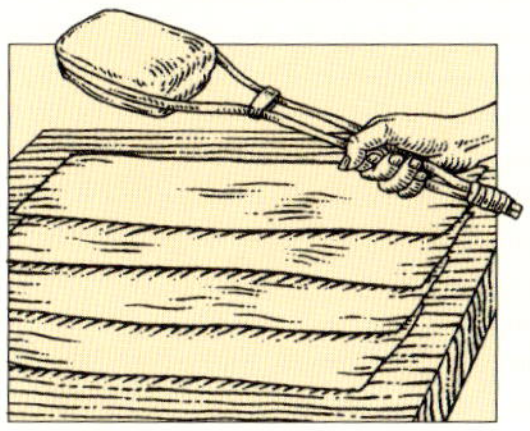

3 Les bandes sont battues avec une pierre striée pour amalgamer les fibres en une feuille. Le papier durcit en séchant.

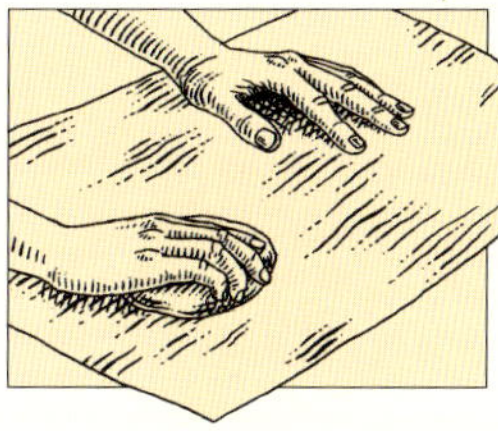

4 Le papier est coupé puis poli avec une pierre. On enduit la surface de stuc blanc.

On emploie l'écorce du Ficus benjamina *pour fabriquer le papier.*

L'AMÉRIQUE PRÉCOLOMBIENNE

APRÈS LA DÉFAITE des Aztèques, les Espagnols se rendent maîtres de la plus grande partie de l'Amérique centrale et du Sud. Le mode de vie européen qu'ils imposent est quelquefois moins raffiné que les cultures qu'il remplace. L'art de ces civilisations nous donne une idée de leur richesse et de leur variété.

LES INCAS

Les Incas se sont établis dans les Andes dès 1100 mais leur empire ne devient puissant qu'au XVe siècle. Quand les Espagnols arrivent, en 1532, la souveraineté inca s'étend du nord de l'Équateur au milieu du Chili.

Les habiles potiers incas fabriquent des vases sans utiliser le tour.

Anses permettant de porter la jarre à dos d'homme

Des poteries
Un réseau de routes pavées permet aux commerçants incas de transporter des marchandises comme cette *aryballe* loin de leurs lieux de fabrication.

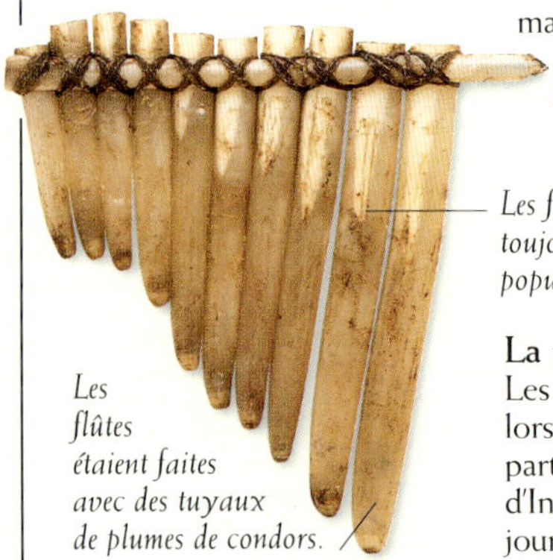

Les flûtes de Pan étaient – et sont toujours – les instruments les plus populaires dans les Andes.

Les flûtes étaient faites avec des tuyaux de plumes de condors.

La musique et la religion
Les Incas jouent de la musique lors du culte du dieu-soleil, en particulier pendant les fêtes d'Inti-raymi qui célèbrent le jour le plus long de l'année.

Lorsque les riches Incas meurent, ils sont enterrés avec des objets d'or.

Cette plume en or faisait peut-être autrefois partie d'une coiffe cérémonielle.

L'or
Les Incas travaillent l'or et l'argent pour les objets de luxe et les accessoires rituels. Ils battent l'or en fines feuilles avec un marteau de pierre, puis ils le mettent en forme et ajoutent des décors en relief ou gravés.

LES MAYAS

La culture maya atteint son apogée entre 300 et 900 de notre ère. Deux millions de personnes vivaient autrefois dans quarante cités dans et autour de la péninsule du Yucatán au Mexique. Au XVIe siècle, la plupart des cités sont en ruine.

Vase au jaguar
Les Mayas vénèrent le jaguar en tant que dieu du soleil ou de l'au-delà.

Montant de porte de temple
Les cités mayas sont des centres cérémoniels dotés de pyramides, de temples et de palais. Ce relief d'un guerrier décorait un montant de porte dans la cité de Chichén Itzá.

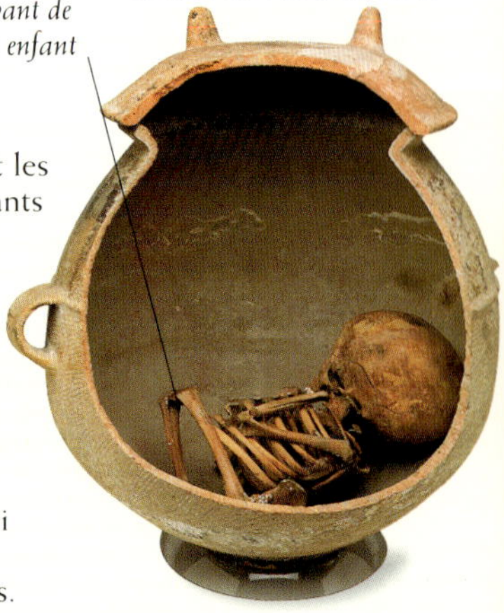

Poterie servant de tombe à un enfant

L'urne funéraire
Les Mayas enterrent les prêtres et les dirigeants dans des tombes souterraines élaborées, mais les tombes des gens ordinaires sont creusées sous le sol des maisons. Une urne de terre cuite comme celle-ci constituait souvent la tombe des enfants.

La chronologie
Ce tableau résume vingt siècles de civilisation en Amérique centrale et en Amérique du Sud. Bon nombre de ces civilisations se sont brutalement éteintes au XVIe siècle, sous la domination des Espagnols.

1000 AV. J.-C.	900 AV. J.-C.	800 AV. J.-C.	700 AV. J.-C.	600 AV. J.-C.	500 AV. J.-C.	400 AV. J.-C.	300 AV. J.-C.	200 AV. J.-C.	100 AV. J.-C.	0	100
		OLMÈQUES									

Teotihuacán

Cette ville en ruine à 50 km de Mexico est la plus grande de l'Amérique précolombienne, mais nous savons peu de chose de ceux qui l'ont construite. Les envahisseurs toltèques l'ont détruite.

Le masque mortuaire
Les habitants de Teotihuacán couvraient le visage de leurs morts de masques funéraires.

Les masques étaient ornés de reliefs élaborés ou de mosaïques.

Les Olmèques

Les Olmèques fondèrent la plus ancienne des civilisations d'Amérique centrale sur la côte, au sud du golfe du Mexique. Ils sont célèbres pour leurs énormes têtes de pierre sculptée et leurs bijoux de jade.

Les Olmèques prisent le jade pour sa couleur d'un vert profond.

L'art du jade
Les artistes olmèques créent des bijoux finement ciselés comme ce collier de jade.

Visage humain encadré de perles de jade

Totonaques

Ce peuple venait probablement de la même région que les Aztèques. Il vivait sur la côte du golfe du Mexique.

Le disque solaire
Les Totonaques donnèrent ce disque solaire en or aux Espagnols à la demande de l'empereur aztèque.

Les Mixtèques

Leur civilisation était florissante dans la région d'Oaxaca au Mexique autour de l'an mille. Les Aztèques ne les soumirent jamais.

Les taches blanches représentent un ornement de bouche.

Tête d'homme
Les Mixtèques fabriquaient les plus beaux bijoux d'or du Mexique, présentés ici sur une tête en terre cuite.

Les Toltèques

La culture aztèque devait beaucoup aux Toltèques qui dominèrent le Mexique central après la destruction de Teotihuacán. Ils furent les premiers dans la région à étendre leur empire par la guerre. Dans leur capitale, Tula, les Toltèques édifièrent de grands temples-pyramides dédiés à Quetzalcóatl.

Un combattant guette derrière son masque de nacre.

Les ordres militaires
Les Aztèques se sont inspirés des Toltèques pour leurs régiments d'aigles et de jaguars. Cet ornement toltèque figure un guerrier-coyote.

Les Zapotèques

La vallée d'Oaxaca est la patrie des Zapotèques jusqu'à ce que l'expansion de l'Empire aztèque les refoule dans les collines à la fin du XVe siècle.

L'urne cinéraire
Les artisans zapotèques créent des terres cuites raffinées comme cette urne funéraire. Ils édifient aussi la belle cité de Monte Alban.

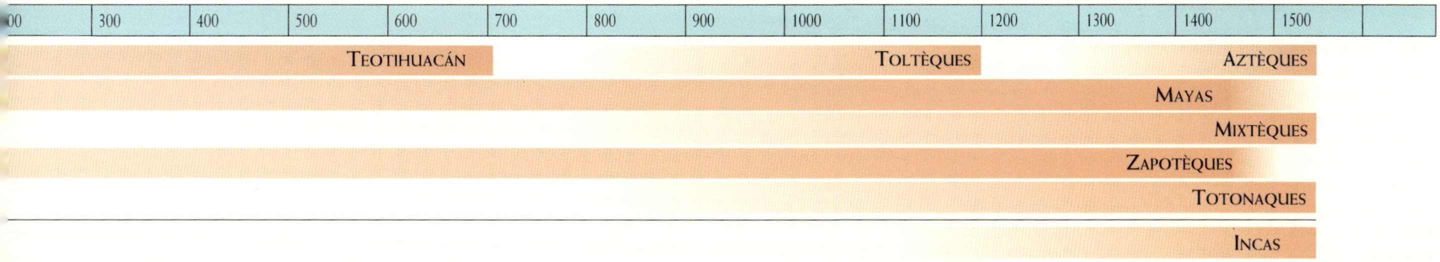

Index

Remerciements et crédits

L'éditeur tient à remercier : Anna Martin ; Sally Hamilton ; Chris Bernstein ; Frances Berdan ; Michael E. Smith, Carl L. Martin et Phil Crossley.

L'éditeur tient à remercier les personnes et organismes suivants pour leur aimable autorisation à reproduire leurs photographies : Biblioteca Medicea Laurenziana, Florence, Italy; Bibliothèque de l'Assemblée Nationale, Paris, France; Birmingham City Museum, UK; Bristol Museum, UK; Cambridge Museum of Archaeology and Anthropology, Cambridge, UK; Great Temple Museum, Mexico City (INAH-CNCA Mex); London Library; Museo Nacional de Antropología, Mexico City; National Museums of Scotland, UK; Pitt Rivers Museum, Oxford, UK; Warwick Castle, UK.

Photographies complémentaires : Demetrio Carrasco: 17tr; **Dave King**: 47br; **Michel Zabé**: front jacket bl, 2bl, 2tc, 5, 7tl, 18tl, 37ccl, 37br, 42tc, 42-43b.

Iconographie : (h=haut; b=bas; m=milieu; g=gauche; d=droite)

Ancient Art & Architecture Collection: 12bg; **The Bodleian Library, University of Oxford**: Ms Arch.Seld.A.1.fol.69d: 35bd, 36hd, 44cd; **Bridgeman Art Library, London/New York**: Biblioteca Nacional, Madrid 29hc, British Library, London 16bg, 29b, Giraudon/Museo Nacional de Historia, Mexico 8bg; **British Museum, London, UK**: 15hg, 28bg, 31cg; **G. Dagli Orti**: Biblioteca Nacional, Madrid 6-7, Musée de l'Amérique 13hd, Musée de la Ville, Mexico City 9bg, Musée Franz Mayer, Mexico 40bg, Palazzo Pitti, Florence 9d, Regional Museum, Oaxaca 20bc; **Dover Publications, Inc. New York**: 24hg; **E.T. Archive**: 11cbd, 13cd, 22bg, 25bd, 25cc, 28cg, 37hcd, 40bd, 42c, 43hd, 43hcg, Private Collection 12bc, 18-19b, 19hg; **Mary Evans Picture Library**: 13bg, 14bg; **Werner Forman Archive**: British Museum, London 35hc, Liverpool Museum, Liverpool 11bd, 34cg, 43hcd; **Fotomas Index**: 26-27c; **South American Pictures**: Robert Francis 42bg, Tony Morrison 10cg, 14cg, 31bd, 32-33.

Couverture: Pour tous les documents © Dorling Kindersley ltd, London